2020年度十大行政检察典型案例

最高人民检察院行政检察厅
中国法学会行政法学研究会／编

2020NIANDU
SHIDA XINGZHENG JIANCHA
DIANXING ANLI

中国检察出版社

图书在版编目（CIP）数据

2020年度十大行政检察典型案例／最高人民检察院行政检察厅，中国法学会行政法学研究会编． —北京：中国检察出版社，2021.10

ISBN 978 - 7 - 5102 - 2413 - 3

Ⅰ．①2… Ⅱ．①最… ②中… Ⅲ．①行政诉讼 - 检察 - 案例 - 中国 Ⅳ．①D925.305

中国版本图书馆 CIP 数据核字（2021）第 172828 号

2020 年度十大行政检察典型案例

最高人民检察院行政检察厅　中国法学会行政法学研究会　编

责任编辑：	常嘉文	
技术编辑：	王英英	
美术编辑：	曹　晓	

出版发行： 中国检察出版社

社　　址： 北京市石景山区香山南路 109 号 （100144）

网　　址： 中国检察出版社（www.zgjccbs.com）

编辑电话：（010）86423706

发行电话：（010）86423726　86423727　86423728

　　　　　　（010）86423730　86423732

经　　销： 新华书店

印　　刷： 北京玺诚印务有限公司

开　　本： 710 mm×960 mm　16 开

印　　张： 13.25　插页 12

字　　数： 253 千字

版　　次： 2021 年 10 月第一版　　2021 年 12 月第三次印刷

书　　号： ISBN 978 - 7 - 5102 - 2413 - 3

定　　价： 48.00 元

编　委　会

◎ 2020 年度十大行政检察典型案例发布会现场

◎出席"2020 年度十大行政检察典型案例"发布会的主要领导

◎中国政法大学校长、中国法学会行政法学研究会会长、教授马怀德致辞

◎对外经济贸易大学党委书记、教授蒋庆哲致辞

◎对外经济贸易大学党委副书记、校长夏文斌致辞

◎最高人民检察院党组成员、副检察长杨春雷致辞

◎对外经济贸易大学副校长、中国法学会行政法学研究会秘书长、教授王敬波现场主持

◎最高人民检察院第七检察厅（行政检察厅）厅长张相军公布入选案例

◎山西省人民检察院副检察长王文娅介绍案件情况

◎中国政法大学比较法学研究院院长、《比较法研究》主编、中国政法大学教授解志勇作点评

◎北京大学法治与发展研究院执行院长、《中外法学》主编、北京大学法学院教授王锡锌作点评

◎中国法学会行政法学研究会副会长、《法学家》副主编、中国人民大学法学院教授杨建顺作点评

◎中国法学会行政法学研究会副会长、清华大学法学院教授余凌云作点评

◎安徽大学副校长、教授程雁雷视频联线作点评

◎中国政法大学法学院教授赵宏作点评

◎中国政法大学检察公益诉讼研究基地执行主任、法治政府研究院教授刘艺作点评

◎中国政法大学法学院行政法研究所所长、教授罗智敏作点评

◎中国政法大学法治政府研究院教授张莉作点

◎北京市律师协会行政法与行政诉讼法专业委员会主任陈猛作点评

前　言

　　2018 年底，最高人民检察院确立刑事、民事、行政和公益诉讼"四大检察"全面协调充分发展的法律监督总体格局，强调做实行政检察。全国检察机关行政检察部门坚持以习近平新时代中国特色社会主义思想为指导，践行以人民为中心、精准监督、穿透式监督等理念，克服新冠疫情带来的不利影响，坚持以案结事了政和为目标，以行政诉讼监督为基石，以行政争议实质性化解为牵引，以行政非诉执行监督为延伸，办理了一批质量高、效果好的案件，为做实新时代行政检察工作提供了丰富的实践样本。

　　为深入贯彻落实习近平法治思想，展现行政检察新担当新作为，加强与学界合作交流，最高人民检察院第七检察厅（行政检察厅）与中国法学会行政法学研究会共同主办了"2020 年度十大行政检察典型案例"评选活动，对外经济贸易大学法学院、《经贸法律评论》编辑部承办了此次评选活动。"2020 年度十大行政检察典型案例"评选历经公开遴选、专家初评、公众投票、专家终评、对外发布等多个环节，从全国检察机关征集的百余件备选案例中，筛选出 30 件参评案例，最后评选出"2020 年度十大行政检察典型案例"及 2020 年度 20 件行政检察优秀案例，并于 2021 年 1 月 28 日对外发布，发布活动中还专门邀请 10 位行政法领域专家以线上线下的方式对 2020 年度十大行政检察典型案例进行点评。

　　本次评选的案例得到专家学者的高度认同，公布以后赢得众多网民点赞，取得了较好的传播效果。最高检杨春雷副检察长指出，这些优秀案例是推动法治中国建设的生动注脚，是展现行政检察担当作为的具体实践。中国政法大学校长、中国法学会行政法学研究会会长马怀德教授希望行政法学者高度重视并利用好这些案例，深入研究，为解决实践中的各类问题提供更多的理论支持。对外经济贸易大学党委书记蒋庆哲教授认为，本次评选活动进一步推动了对外经济贸易大学和最高检第七检察厅、中国法学会行政法学研究会的深度交流与合作，将对学校法学学科的全面发展产生重要的影响。对外经济贸易大学校长夏文斌教授指出，邀请行政法学界的各位专家学者对案例进行点评是本次评选活动的一大亮点，凝聚了理论界和实务界的力量，共同为全社会供给优质的"司法产品"。北京大学法学院王锡锌等教授表示，本次评选活动搭建起了司法实务界和法学理论界深度协作的平台，为法学专家开展研究提供了丰富的司法实践资源。

案例是最鲜活的法治教材，是最生动的法治教科书。为更好地总结本次活动经验，深化人民群众对检察职能的了解，增强人民群众的法治信仰，真正发挥案例在指导办案、释法说理、宣传教育等方面的重要作用，我们将"2020年度十大行政检察典型案例"和20件优秀案例编辑成册，并加入承办检察官的办案心得和专家点评，力求全方位多角度呈现案例的指导意义和参考价值。

感谢中国法学会行政法学研究会、对外经济贸易大学对行政检察工作给予的大力支持，感谢各位评审专家在案例评选过程中的辛勤付出，感谢典型案例、优秀案例的承办人、编写人。我们期待本书能够为实务工作者提供翔实的实践样本，为行政法学者和检察同仁从事相关理论研究提供新鲜素材。

本书编辑组

2021 年 9 月

目　录

发布致辞

2020年度十大行政检察典型案例

2020年度行政检察优秀案例

附录　相关新闻报道

发布致辞

杨春雷在"2020年度十大行政检察典型案例"发布会上的致辞*

（2021年1月28日）

尊敬的马怀德会长、蒋庆哲书记、夏文斌校长，各位嘉宾、各位领导、各位专家：

很高兴参加今天下午的"2020年度十大行政检察典型案例"发布会。借此机会，我谨代表最高人民检察院和张军检察长，向与会的各位嘉宾、各位领导、各位专家、办案单位代表致以诚挚的问候！向关心支持评选活动的中国法学会行政法学研究会和对外经济贸易大学及其法学院、《经贸法律评论》编辑部的各位领导和专家学者，向广大网民朋友、新闻媒体朋友们表示衷心的感谢！

这次案例评选活动，历经公开遴选、专家初评、公众投票、专家终评、对外发布等环节，有四个方面令我印象深刻。

第一，这是落实习近平法治思想的实际行动。习近平法治思想是新时代推进全面依法治国的根本遵循。案例是最鲜活的法治教材，是最生动的法治教科书。人民群众对公平正义的期盼，需要通过司法办案来体现；人民群众对法治信仰的养成，需要通过案例来增强；人民群众对检察职能的了解，需要通过案例来深化。这次案例评选活动，是习近平法治思想在行政检察和行政法学研究工作中的具体落实。

第二，这是密切检学合作交流的创新之举。中国法学会行政法学研究会是我国行政法学研究的重要平台和中坚力量，多年来一直秉持理论与实践相结合的研究路径，致力法治国家建设和学术繁荣发展。对外经济贸易大学是我国培养高端经贸人才的高等学府，经贸大学法学院是我国培养涉外经贸法律人才的重镇。这次案例评选活动得到中国法学会行政法学研究会和对外经贸大学及其法学院的鼎力支持，是检察机关与行政法学界密切

---

* 杨春雷，最高人民检察院党组成员、副检察长、检察委员会委员、二级大检察官。

合作交流的新跨越，贯彻了双赢多赢共赢理念，发挥了专家学者的"智库""参谋"作用，有助于进一步推动行政检察工作创新发展。

第三，这是展现行政检察担当作为的具体实践。刚刚过去的2020年是我国历史上极不寻常的一年。面对百年变局和世纪疫情，行政检察在新时代"四大检察"法律监督格局下主动担当作为，积极践行以人民为中心、精准监督、穿透式监督等检察监督理念，在维护司法公正和促进依法行政、服务经济社会发展、保障公民和组织合法权益，助推国家治理体系和治理能力现代化建设中发挥了积极作用。在监督错误裁判、纠正审判和执行活动中的违法行为等方面取得了新的进步，尤其是聚焦一些地方行政诉讼程序空转问题，开展促进行政争议实质性化解专项活动，实质性化解行政争议6000余件，解决了一批人民群众的揪心事。这些参评的案例，凝聚了广大行政检察干警的心血，反映着做实行政检察的轨迹。

第四，这是推动法治中国建设的生动注脚。典型案例是体现法学理论和政治、法治、政策考量的载体，每个案例都是一个时代的符号，以个案的公平公正体现着法治的进步。行政检察"一手托两家"，既监督人民法院公正司法又促进行政机关依法行政，在推动法治国家、法治政府、法治社会建设中负有独特责任。这些参评案例，涉及行政登记、行政强制、行政处罚、行政复议、行政赔偿等类型，涵盖生效裁判结果监督、执行活动监督、行政争议实质性化解等业务。对这些案例的公众投票、专家评定和对外发布，很好地发挥了典型案例在释法说理、宣传教育、指导办案等方面的作用，对于增强全社会的法治信仰，助推法治中国建设具有积极意义。

2021年是"十四五"开局之年，也是做实行政检察的关键之年。各级检察机关行政检察部门要以这次典型案例评选为契机，深入贯彻习近平法治思想，践行以人民为中心的发展理念，在推动法治国家、法治政府、法治社会一体建设中更好发挥行政检察职能作用，以优异成绩庆祝中国共产党成立100周年。

一要持续抓好"十大行政检察典型案例评选"活动。这次案例评选活动，对于行政检察来说还是第一次。有了一个好的开端，更需要持续抓好，创出品牌。各级检察机关行政检察部门要践行精准监督理念，努力办出精品案件，这是基础。同时，要树立案例意识，注意总结梳理、敏锐发现、积极培育、高水平编写好典型案例。高检院第七检察厅要认真总结这次评选活动的经验，会同中国法学会行政法学研究会、对外经贸大学法学院，办好"2021年度十大行政检察典型案例评选"活动，努力将其打造成推动法治中国建设的亮丽品牌。

二要持续深化与行政法学界的密切合作。我国行政检察制度从无到有、从小到大的发展历程，倾注了行政法学界的大量心血，离不开各位专家学者的鼎力支持。这次案例评选，是检察机关与行政法学界密切合作的又一次创新。各级检察机关要增强智慧借助意识，继续加强与法学院校、中国法学会行政法学研究会等的交流互动，在理论研究、文件制定、案件办理、案例编写、公开听证等方面，深化合作、主动借智，搭建全方位、多层次交流平台，不断完善中国特色社会主义行政检察理论和制度体系。

三要持续讲好新时代行政检察故事。进入新时代，人民群众不仅期盼公平正义，更期待以可感可触的方式实现。这次案例评选活动，专门设置公众投票环节，一经媒体发布，就受到广大网民朋友的关注，收到良好社会反响。这再一次提醒我们，不仅要强化检察履职，办好每一个群众身边的案件，也要用好案例讲好检察故事，为检察事业的发展提供舆论支持。广大行政检察人员要落实"谁办案谁普法"的责任制，用案例释法普法，尤其是多用群众身边的案例说话，让人民群众以看得见的方式，感受行政检察工作的新气象新作为，提升行政检察社会知晓度。

最后，在新春佳节即将到来之际，提前给大家拜年，祝各位嘉宾、各位领导、各位专家牛年大吉，工作顺利，身体健康，阖家幸福！

谢谢大家！

马怀德在"2020年度十大行政检察典型案例"发布会上的致辞[*]

（2021年1月28日）

尊敬的春雷检察长、蒋书记、夏校长，各位领导、各位专家、各位检察官：

大家下午好！

我代表中国法学会行政法学研究会对与会的各位领导和专家表示衷心的感谢！现在是岁末年初，又加上北京还有点疫情，大家百忙中抽出时间出席今天的发布会，确确实实很不容易。杨春雷副检察长到高检院履新后第一场学术活动就是出席我们共同举办的发布会，表示感谢！蒋书记、夏校长放假一个多月了还坚守岗位，还在为法学院和我们法学界的活动站台支持，衷心的表示感谢！向所有入选"十大行政检察典型案例"的各个检察院以及主办检察官们表示衷心的祝贺！这是首届十大行政检察典型案例发布会，各位检察官和所在的检察院通过办理这些案件积累了经验，撰写了很好的法律文书，今天能够将这些案例呈现给社会大众，付出了你们的心血，衷心表示祝贺！

行政检察是检察机关法律监督职能的重要组成部分。最高检察院在2018年的检察内设机构改革、业务重组过程中形成了"四大检察"：包括刑事检察、民事检察、行政检察和公益诉讼检察。行政检察作为检察机关法律监督职能的重要组成部分，起步于1989年行政诉讼法颁布前后，至今已走过三十多年。在我国社会主义法律规范体系中，行政法在数量上占比最高，规制国家和经济社会生活的方方面面。进入新时代，党中央对行政检察提出了新的要求和期待。高检院党组将行政检察置于"四大检察"格局中谋划推动。行政检察要承担起新时代赋予的新使命，需在监督行政诉讼活动、促进依法行政方面有效发挥作用。

此次发布的"十大行政检察典型案例"有两个共同特点：一是有效监

---

* 马怀德，中国政法大学校长、中国行政法学研究会会长、教授。

督行政审判活动。检察机关通过行政抗诉或检察建议，推动审判机关纠正解决了行政诉讼中的一些问题，确保行政诉讼法的规定得到落实，发挥了行政检察监督的职能作用。二是有效解决了行政诉讼"程序空转"问题。尽管 2014 年修改的《行政诉讼法》将解决行政争议作为行政诉讼的一个制度目标，有些行政诉讼案件仍然存在"程序空转"，案结事不了等问题。这也是行政法学面临的一个重要课题，需要实务部门、法学界共同努力，遵循诉讼规律和行政规律，推动完善相关法律制度逐步解决。

提两点希望：第一，这次发布的十大行政检察典型案例，包括提名的优秀案例，多数都是及时解决了一些实际存在的诉讼中的问题。我们期待，行政检察在逐步实现方式创新、范围扩展、定位清晰的同时，通过发挥法律监督职能，不仅解决行政诉讼中的各种问题，最重要的是通过发挥行政检察监督的职能作用彻底解决实践中的各种系统矛盾和问题，在社会治理中发挥更大的作用。第二，希望理论界能够借助这次十大行政检察典型案例发布的机会高度关注行政检察业务。之前，行政法学界对行政诉讼活动关注比较多，对法院的行政审判活动关注比较多，对行政检察业务，特别是行政抗诉、检察建议等具体的法律监督形式研究的不是很深、很透。这次十大典型案例的发布，为行政法学界研究这些重要的法律问题提供了很好的实践资源。我想借助这样一个机会希望行政法学者高度重视并利用好这些资源，深入研究，为行政检察制度发展、拓展研究范围、解决实践中的各类问题提供更多的理论支持。

再次向最高检察院领导以及中国对外经贸大学的领导、向出席本次发布会的各位专家学者和检察官们表示感谢！谢谢大家！

蒋庆哲在"2020年度十大行政检察典型案例"发布会上的致辞*

（2021年1月28日）

尊敬的杨春雷副检察长，马怀德会长、线上线下的各位专家、各位来宾、各位媒体朋友：

大家下午好！

今天，"2020年度十大行政检察典型案例"发布会在对外经济贸易大学隆重召开，由于本次发布会是全国首届，且由对外经济贸易大学法学院承办，首先，请允许我代表对外经济贸易大学对各位领导、专家学者、来宾们和媒体朋友的到来表示热烈的欢迎和由衷的感谢！

习近平法治思想强调要"坚持以人民为中心""坚持法治国家、法治政府、法治社会一体化建设""让人民群众在每一个司法案件中都感受到公平正义"。"十大行政检察典型案例"的评选就是将一系列业务能力强、监督水平高、社会效果好的行政检察案件遴选出来向社会发布，一方面对行政检察权的优化行使具有积极的示范作用，另一方面体现了检察机关在促进"法治国家、法治政府、法治社会"一体化建设中的重要作用，是以实际行动践行习近平法治思想的典范。

对外经济贸易大学作为国家211工程首批重点建设高校，一直担负着培养法律专业人才、进行法律理论与实务研究的重要职责。法学学科是贸大的传统优势学科之一，具有非常鲜明的的国际化和实践化特色。建校近70年来，我校顺应时代发展特点，全面深化改革，持续推进法学学科和法学人才队伍的全面建设，不断加强与法律实务部门的合作，培养了众多法学复合型专业人才。贸大法学院在教育部第四轮学科评估中位列全国前十高校法学院之列，国际法、民商法、行政法、经济法等学科在业界产生了重要的影响，尤其是在涉外卓越法治人才的培养以及与涉外法治的相关理

---

* 蒋庆哲，对外经济贸易大学党委书记、教授。

论研究上处于国内领先地位。这些成绩既标志着贸大法学院发展的新起点，更预示着任重道远的历程开端。目前对外经济贸易大学法学院作为中国培养涉外卓越法治人才的重镇，以涉外法治为教学和科研特色，正努力跻身于世界一流特色法学院之列。

本次发布的"十大行政检察典型案例"是在向各级检察院征集的百余个案件中，通过社会公众投票、专家学者评分等环节严格评选出的典型案例，会议采取了线上线下同时进行和网络直播的方式发布，整个过程公开、公正、专业、权威，是具有创新性的理论与实务有效结合的典范。在本次会议的筹办过程中，主办方与承办方工作程序严格，衔接顺畅，进展顺利，已经为主办方和承办方进一步交流与合作奠定了良好的基础。我们希望，日后能够与最高人民检察院、中国法学会行政法学研究会有更多的合作机会，尤其是在卓越法治人才的培养上以及我校法学学科的建设上能得到进一步的指导、交流与合作。我相信，本次发布会必将产生以下三方面的重要影响，第一，本次发布会是理论界和实务界共同总结提炼的优秀案件办案经验和办案成果，对推进行政检察监督制度建设具有重要的意义；第二，"十大行政检察典型案例"的评选推动了行政检察理论与实务的双向互动，对行政检察案件的质量的提升及理论研究的深化具有积极的促进作用；第三，"十大行政检察典型案例"的评选将作为经贸大学法学院的品牌活动产生示范引领作用，进一步推动我校和最高人民检察院、中国法学会行政法学会的深度交流与合作，将对我校法学学科的全面发展产生重要的影响。

最后，预祝本次发布会圆满成功。也祝各位身体健康，工作顺利。

谢谢！

夏文斌在"2020年度十大行政检察典型案例"发布会闭幕式上的总结致辞[*]

（2021年1月28日）

尊敬的杨春雷副检察长，马怀德会长，各位线上线下的参会嘉宾，各位媒体朋友：

大家下午好！

首先，我代表本次发布会的承办方对外经济贸易大学，向"2020年度十大行政检察典型案例"的办案单位和案件主办人员表示祝贺，祝贺你们所办理的案件能够获得专家学者和社会公众的一致肯定。同时我也代表贸大向参与本次评选的各位专家表示感谢，感谢你们在评选过程中的辛苦付出，保证了整个评选程序的公平、公正、公开和高质量。

行政检察是一种高度具有中国特色的行政监督和行政争议解决制度，是检察机关"四大检察"法律监督格局和国家法治监督体系的重要组成部分，也是推动法治政府建设、维护公民法人其他组织合法权益的重要机制。自最高人民检察院推进"四大检察""十大业务"法律监督新格局以来，尤其是在第七检察厅组建以来，行政检察工作迅速发展，取得了很好的社会效果和法律效果。今天我们所发布的十大典型案例，就是行政检察工作阶段性成果的一个展示。我认为，我们今天的展示获得了圆满成功。

我认真听取了十个典型案例的介绍和点评，在我看来，我们发布的十大典型案例有以下三个特点：第一，领域广，今天发布的典型案例涉及违法强拆、行政登记、监管机关不作为、工伤认定、征收补偿等多个领域，都是行政争议多发、频发的领域，体现出我们检察机关主动担当作为的责任意识和真挚的为民情怀；第二，工作实，十个案件的办理都非常周到、细致，办案人员专业水平过硬，办案思路清晰，法律定性准确，反映出检察机关良好的专业素养；第三，效果好，习近平同志多次强调，推进全面

---

* 夏文斌，对外经济贸易大学党委副书记、校长。

依法治国必须要坚持以人民为中心的理念，坚持法治建设为了人民、依靠人民。我们评选出的十大典型案例都坚持了这一理念，不仅依法促进了行政争议的实质性化解，有效维护公民、法人其他组织的利益，还通过检察建议解决了深层次的体制机制问题，实现了法律效果和社会效果的统一。

前不久，中共中央印发的《法治中国建设规划（2020－2025年）》明确提出，要完善民事、行政检察监督和检察公益诉讼案件办理机制，体现出党中央对于行政检察监督工作的重视，同时也为行政检察工作提出了新的要求。从完善行政检察监督工作的角度出发，我认为我们今天的发布会也有三个方面的突出意义：第一，我们评选发布了一批具有代表性、典型性和指导意义的行政检察案件，为各级检察机关的行政检察工作提供了重要指引。相信这些案件会充分发挥标杆作用、示范作用，提高各级检察机关办案质量；第二，这次典型案例的评选和发布工作也推进了行政检察工作向纵深发展，我们评选、发布、研讨典型案例的过程，也是总结提炼优秀案件办案经验和办案成果，推进行政检察监督制度建设的重要过程；第三，案例的评选也推动了行政检察的理论研究进一步深入，今天我们有幸邀请到了行政法学界的各位专家学者对案件进行点评，实现了高校学者和法治实践工作者的联通，有利于把法学理论和司法实践更好结合起来。

习近平总书记在中国政法大学5·3讲话中强调，法学学科是实践性很强的学科，要打破高校和社会之间的壁垒，将实践工作部门的优质实践教学资源引进高校，促进从事法学教育、法学研究工作的同志和法治实际工作部门的同志相互交流，取长补短。法学学科是贸大的传统优势学科之一，本身就有比较良好的国际化、实践化传统。我们贸大非常乐意搭建这样的平台，希望各位领导、专家多支持、多关注。

最后，我代表对外经济贸易大学，再次对各位领导、各位专家能够莅临对外经济贸易大学并参加今天的发布会表示感谢，希望大家能够多来贸大指导工作、开展活动；也对与会的各位媒体朋友表示感谢，希望大家可以继续关注贸大，报道贸大所取得的成绩。

我宣布，"2020年度十大行政检察典型案例"发布会至此圆满结束！

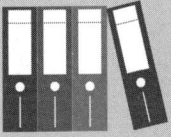

2020年度十大行政检察典型案例

王某凤等 45 人与北京市某区某镇政府强制拆除和行政赔偿检察监督系列案

【关键词】

强制拆除　行政赔偿　促成和解

【案例简介】

2001 年，某公司在北京市某镇工业园集体所有土地上开发建设 10 栋教学楼及 5 栋家属楼，并于 2004 年起将家属楼房屋陆续出售给其所属集团公司职工。2008 年 3 月，某镇政府将案涉地块转让给某培训学校用于大学城建设，并由某培训学校委托某公司回购已出售家属楼。2010 年，家属楼被断水断电断暖，王某凤等尚未与培训学校达成回购协议的原购房者开始上访、诉讼维权。由于涉案房屋一直未取得乡村建设规划许可证（临时乡村建设规划许可证），某镇政府于 2018 年 2 月将涉案房屋强制拆除。王某凤等人认为自身对案涉房屋享有合法权益，于 2018 年 10 月起先后提起 144 件行政诉讼。北京某区人民法院以王某凤等人并非被诉限期拆除通知、强制拆除行为的相对人，不具有法律上利害关系为由裁定驳回起诉，并据此驳回后续行政赔偿诉讼请求。王某凤等人的上诉请求和再审申请亦以相同理由被驳回。王某凤等 45 人就其中 127 起案件向检察机关申请监督。

北京市人民检察院第一分院经审查认为，王某凤等人作为房屋的实际购买者和使用人，直接受到被诉行政行为影响，属于行政行为的利害关系人，且在"拆违"过程中被剥夺了应享有的陈述、申辩权利。原审法院认为申请人不具有原告主体资格，系认定事实不清，适用法律错误。检察机关经综合评判涉案房屋"违建"事实、申请人实体上获得司法救济等因素，基于某公司与申请人有民事和解意愿，搭建平台促双方和解。最终 45 名申请人与某公司达成和解，2044 余万元和解款项足额到账，127 起案件申请人撤回监督。同时，检察机关针对某镇政府在"拆违"中存在的执法不规范等问题发出检察建议，建议其强化行政管理能力，健全基层社会治理体系，提升市域社会治理现代化水平。上述建议被全部采纳并落实整改。

【意义】

本案检察机关把司法为民、实质性化解行政争议作为"监督权力"和"保障权利"的结合点和着力点，一并审查行政争议背后的民事纠纷，引导各方在合理合法范围内达成和解，通过解决民事纠纷促进行政争议的一揽子化解，有效保护人民群众合法权益，化解群体性矛盾纠纷，并通过检察建议促进依法行政，维护了社会和谐稳定。

📝 办案心得体会

认真就能把案件办对，用心就能把案件办好

李显辉[*]

这是一起牵涉 45 名申请人、历经十余年维权，跨越两代人、影响三代人生活的矛盾纠纷。一个被认为无解的案件，最终得以圆满化解，给申请人解了困，给政府解了围，给企业解了套，实现了案结事了政和。在突破藩篱、迎来欢笑的路上，其实是一种为民司法、追求极致的责任与担当。现将几点体会与大家共勉。

一是怀揣一颗司法为民的心。这是因"拆违"引发的系列案件。从在卷证据看，镇政府的拆违程序和行为并无不当。那么，为什么申请人经过了三级法院的裁判，却始终没有放弃维权呢？中国民间有句"民不与官斗"的俗话，笔者认为如此群体性诉讼就不能简单以"刁民"难缠一笔带过。基于当事人有理的推定，笔者一个个拨通了申请人的电话。当面对这些年近古稀的申请人在电话的那头哭诉、抽泣、哽咽的时候，不用看卷，直觉可以认定他们一定受委屈了。那时候恰逢疫情，哪里也去不了，笔者每天到办公室就是拨打或接听他们的电话，短则数十分钟，长则三四个小时，直到他们说够了、说累了或说得不好意思，才结束通话，直至后来加入他们"为真理而奋斗"的维权微信群，从天天被质疑、被怼，到慢慢开始探讨怎么解决问题，如何有效维护他们的权益。170 多个日夜，130 多次电话，近 3000 条的微信交流，终于让他们解开心结。当群里出现"不仅是钱的问题，更是心理疏导问题""我真的很想知道你是怎样的一个人，能说服我们这些业主放下""你是大家的心理医生"等各类信息时，才终于可以松口气了。其实，群众是善良、淳朴的，当以"我"心换人心，真诚对待群众、平等交流的时候，就有了彼此的信任，也就有就解决问题的基础。

---

[*] 李显辉，北京市人民检察院第一分院第六检察部主任、三级高级检察官。

二是把查明事实作为办案的核心。办案仅凭感情和直觉是不够的。没有事实作为基础，法律的适用、是非的判断是无源之水、无本之木。于是，笔者带领团队深入北京某区、山西大同等机关、企业单位开展调查核实。经调查核实，这一系列案件要追溯到20年前。2001年，某公司通过镇政府招商引资，在该镇工业园区建设家属楼5栋，并陆续出售给公司职工。2008年，镇政府将案涉地块转让给某培训学校用于大学城建设，某培训学校委托某公司回购已出售家属楼，但某公司未能完成全部回购，由此产生矛盾纠纷。尔后，镇政府将家属楼认定为"违建"，向某培训学校下发了限拆通知、强拆决定书，并于2018年强制拆除，双方矛盾全面激化。王某凤等人筹资189万元，在上访维权的同时，提起144起行政诉讼，均被法院驳回。从上述案情看，镇政府首先一块土地两次转让，导致培训公司与申请人陷入长达10余年的矛盾纠纷，大学城项目无法落地；其次未遵守信赖保护原则，家属楼系因招商引资而建，又因认定"违建"而拆；最后未遵守公平原则，仅对某培训学校履行了告知义务，忽视了申请人的权利保护。

三是坚持结果导向系统思维。显然，从法律上看应当对本案提请抗诉。但面对长达十余年的维权群体，面对"疏解整治促提升"的政治任务，面对三级法院一致的裁驳，这样的一个案件，简单提请抗诉可以吗？抗诉能解决什么问题？抗诉将带来什么样的效果？这些都是作为检察官应当认真回答、准确评估的。从本案看，提请抗诉最好的结果莫过于法院确认拆违程序违法，但因"违建"客观存在，申请人并不能在实体上获得行政赔偿，提请抗诉只能是带来新一轮程序"空转"，给当事人带来新期待的同时，可能在后续带来更大的伤害。同时，如果对127个案件提请抗诉，一旦被好事者曲解或被人误读，认为政府违法、法院枉法，这不仅不助于问题的解决，而且损害司法公信、破坏党和政府形象。这些都是在办案中必须加以系统思考、准确研判的，否则可能老问题没解决，又产生了新的问题。

四是坚持目标导向寻求思路。既然如此，需要做的就是：如何不通过提请抗诉来解决当事人的实质诉求，修复社会关系，增强司法公信力，维护党和政府形象。多问几个为什么，是解决问题的有效方式。比如，本案中王某凤等人起诉镇政府，他们的实质诉求（动机）是什么？申请人权利受损的根源在哪里？如何才能实现申请人的合理诉求？以"违建"为连接点的责任主体都有哪些？家属楼买卖合同中对于产权缺陷问题是如何约定的？等等。通过上诉问题的一一回答，形成了以下的基本判断：本案中，从申请人权利受损看，直接原因是"拆违"，但根本原因是"违建"；从权利救济看，通过"拆违"的行政诉讼并不能使申请人获得行政赔偿，而通过"违建"买卖合同的民事救济，则更有助于申请人权益维护。为此，笔者决定通过源头"违建"民事争议的和解，推动"拆违"行政争议的一揽子化解。

五是坚持问题导向寻求突破。根据这一思路，办案难点问题主要有三：第一是如何让政府从"抵触"转向"支持"；第二是如何让申请人从"不当期待"转向"合理诉求"；第三是如何让"案外人"（某培训学校、某公司）承担法律责任。面对这些问题，笔者首先走进政府，强化沟通，着眼共同推动"拆违"遗留问题的妥善解决，以避免引发群体性涉稳事件，促使其从对监督的"抵触"转向对"解决问题"的支持。其次走进群众、以心换心，正视诉求多倾听（有人情）、引导诉求解心结（说人话）、重视诉求想办法（做人事）、回应诉求讲法律（守底线），紧紧扭着申请人中骨干人员的引领、示范作用，实现了申请人的"三大转向"：在态度上与政府从对抗转向对话，与涉案企业从对立转向和解；在聚焦上从"拆违者"转向"违建者"，从行政赔偿转向民事赔偿；在赔偿上从北京一套房转向大同一套房，从大同一套房转向"违建"责任承担。最后关注利益相关方，鉴于镇政府具有排除"拆违"遗留隐患、维护稳定的诉求，培训学校具有以"可控支出"解决纠纷、推动大学城项目落地的意愿，某公司具有消除与申请人长年积怨的要求，笔者紧紧扭住镇党委政府，借助其属地管理优势，组织各方磋商会谈，督促案外人某培训学校继续"委托"某公司进行家属楼回购，由某培训学校支付回购资金，以房屋买卖合同违约责任确定回购金额、以某公司作为责任主体，与申请人达成和解，推动了"拆违"行政争议的一揽子化解。

在办案中，笔者深深的体会到，"为大局服务，为人民司法"的初心使命，不仅是一种政治宣示，更应该践行为我们的办案自觉、办案情怀与办案担当。只有这样，才能拥有为民司法的不竭动力，才能用心去点亮百姓的期盼，才能提供更多更好更优的检察产品。

专家点评

发挥检察机关化解行政争议职能作用
助力国家治理体系和治理能力现代化

解志勇 *

在王某凤等 45 人与北京市某区某镇政府强制拆除和行政赔偿检察监督系列案中，检察机关积极作为，主动履职，不仅依法维护人民群众的利益，一揽子解决了持续多年的民事和行政争议，同时，在促进国家治理能力和治理体系现代化建设方面，也发挥出较好的示范案例作用。有两点重要价值：

一是为人民检察院开展行政检察监督做好定位、树立目标提供了非常有价值的指引。本案例几乎涉及了我们在国家治理体系现代化和治理能力提升过程中，所面临的所有典型问题，如集体土地开发、转让、征收，强制拆除、拆迁、补偿，民事诉讼和行政诉讼交叉，循环诉讼、上访、群体事件等。面对这些棘手问题时，检察机关以法律为依据，创新工作思路，开展了非常好的监督实践，不仅办理一个系列案件，还形成了特定的机制，且在该机制的指导下，可以解决类似的纠纷。不仅实现了实质性化解行政争议的目标，还从根本上推动了依法行政，推动了司法公正，进而在更高层次上实现了行政检察的目标。

二是助力国家治理体系和治理能力现代化。本案中，检察机关成功化解多重、多类、多个复杂纠缠的纠纷，反映出检察机关在全面提升国家治理体系和治理能力现代化方面，具有不可替代的重要作用和独特地位，检察机关是这个大棋盘当中不可或缺的一员，能够解决目前人民政府或者法院所不能够解决的问题，对行政相对人、行政机关、人民法院无疑都具有非常重要的价值。

---

* 解志勇，中国政法大学教授、比较法学研究院院长、《比较法研究》主编。

本案中，检察机关如果在直接推动依法行政，以及指出行政诉讼的正当性方面作进一步努力的话，其政治、法律和社会效果还会大幅提升，不仅可以实现案件实体正义，还可以落实习近平总书记所说的让人民群众在每一个司法案件中感受到公平正义的效果，可以达成政治效果、社会效果和法律效果最好的结合。

胡某与天津市国土资源和房屋管理局撤销不动产权证书行政抗诉案

【关键词】

依职权抗诉　原告资格认定"一揽子"解决争议

【案例简介】

胡某所有的房屋和周某所有的两间房屋南北相邻。胡某主张，其2003年购房时南面为露台，南墙上有窗户，2005年入住时发现加建了周某房屋，周某一直未居住。胡某因自己房门被王某封堵，将周某东侧房屋房门凿开，在与周某房屋共用墙面上开出一扇门，并使用周某西侧房屋。2007年5月，周某以胡某为被告提起恢复原状、给付使用费等多个诉讼，已结案件均获支持，部分案件正在审理或执行中。胡某就其承担的使用费向王某索赔，法院判决王某承担40%的责任。2018年4月，胡某诉请撤销周某两间房屋的登记，天津市某中院作出257号终审行政裁定，以诉讼请求不明确、胡某与所诉行政行为没有利害关系为由不予立案，胡某申请再审被驳回。胡某向天津市人民检察院某分院申请监督，该院提请天津市人民检察院抗诉。2018年6月，胡某诉请撤销周某西侧房屋的登记，天津市某中级法院作出382号终审行政裁定，以重复起诉为由不予立案，胡某申请再审被驳回。

天津市人民检察院认为，胡某房屋与周某房屋共用墙面上的窗户，究系设计建设时已有还是后来人为开凿，在立案时无法判断。按照立案登记制要求，应认定胡某与所诉行政行为有利害关系，257号行政裁定的认定存在错误。鉴于257号行政裁定对382号行政裁定形成的羁束，2019年12月，在对382号行政裁定依职权抗诉的同时，对257号行政裁定一并提出抗诉。案件再审阶段，天津市人民检察院加强跟踪问效，与人民法院达成共识，开展联合调查，查明周某房屋的登记符合法律规定。考虑到案涉争议历时久远、当事人矛盾尖锐、影响社会稳定，法检机关决定将相关行政、民事争议一揽子解决。2020年12月18日，促成胡某购买其占用的周某的房屋，并就正在审理和执行案件给付使用费达成一致意见，案涉矛盾纠纷得到圆满化解。

【意义】

检察机关通过抗诉监督人民法院关于原告资格的错误认定，理清辨明当事人实际诉求后，依职权对未申请监督案件提出抗诉。在再审阶段，检察机关加强跟踪问效，凝聚与人民法院的共识，开展联合调查和调解，促行政争议实质性化解。对存续 10 余年产生近 30 个诉讼的行政、民事争议"一揽子"解决，实现了矛盾纠纷化解和人民群众合法权益保障，维护了社会稳定。

📝 **办案心得体会**

借"大势"、树情杯　促成案结事了政和

杨　宽[*]

胡某与天津市国土资源和房屋管理局撤销不动产证书行政抗诉案案件入选"2020年度十大行政检察典型案例"，这对我们既是肯定，也是鞭策和鼓励，更加坚定了做实行政检察工作的信心，为我们干事创业提供了动力支持。案件的办理，是多方共同努力、多项积极因素叠加促成的结果。下面将办案心得体会汇报如下，不妥之处请批评指正。

一、最高人民检察院的坚强领导是做实工作的有力保障

新一届高检院党组提出了"四大检察"全面协调充分发展的理念，对检察机关内设机构进行系统性整体性重构性改革。新成立的行政检察厅带领我们找准做实行政检察工作的着力点，扎实开展行政争议实质性化解专项活动，对重点案件进行督办。没有高检院新理念的引领和组织机构保障，我们就无法把精力转移聚焦到行政检察这一法律监督的主责主业上来。没有行政检察厅的精准指导和清晰明确的工作重点、方向指引，案件的审查就会停留在就案办案，满足于按照法律规定和法定程序履职，不会从更高的高度以更实的举措推动案结事了政和，案件难以取得现在的良好效果。案件列为督办案件，对我们既是压力也是动力，天津市检察院领导高度重视，多次听取案件进展情况汇报，并针对新情况新问题组织分析研判，明确方法举措。因为是高检院督办案件，我们在与人民法院沟通协调过程中，获得了人民法院的积极回应，赢得了支持配合。从实际情况看，督办发挥了应有作用，取得了预期的效果。

---

[*] 杨宽，天津市人民检察院第七检察部一级检察官。

二、行政检察情怀是做实工作的强大动力

行政检察监督人民法院公正司法，促进行政机关依法行政。我们聚焦做实行政检察的时间晚于行政审判和法治政府建设的时间，在经验、能力等方面还有一定的差距。在落实法治建设责任过程中，行政检察又需要人民法院、行政机关的积极支持和配合。此种境况，工作中难免存在畏难情绪，甚至不敢监督、不善监督的问题。贯彻做实行政检察的要求，行政检察人当有足够充分的法治信仰和情怀，对自身从事的工作有神圣的责任感使命感，有明辨善恶是非对错曲直的正义感，既要有胆识和魄力敢于监督，又要运用智慧，在监督中支持，在监督中团结协作。行政检察的另一特点在于，一些案件的申诉人不能清晰明了表达利益诉求，不能精准选择监督方式，对于检察办案有不理解甚至有对立情绪。行政检察人当有坚定的为民情怀，耐心细心听取意见，充分保障申诉人程序性权利，同时本着为当事人解决实际问题的思想，对其陈述抽丝剥茧，理清其实际诉求，努力从实体上根本解决行政争议，以实际行动消解当事人的不满，为厚植党的执政基础贡献检察力量。

三、司法检察理念更新是做实工作的有力指引

近年来，高检院党组提出了一系列司法检察理念，为做实工作提供了思路、方法、价值等多维度的指引。监督不是高人一等，而是要技高一筹，这要求我们努力提升办案质量，将"精准监督"理念落到实处。案件办理过程，面临检察机关内设机构改革时间不长、天津市行政检察多年没有抗诉案件的现实情况，敏感于自己的弱项和不足，将确保案件质量提上重要议事日程。我们依法开展调查核实，到实地查看，调阅案涉近 30个诉讼文书，努力查清案件事实，就法律适用问题，多次召开检察官联席会议进行研究，并向专家学者咨询，为案件成功抗诉奠定了基础。案件提出抗诉后，我们没有"一提了之"，而是加强跟踪问效，进一步向人民法院阐明监督意见，发挥检察一体化优势，在分院遇到阻力后，市检察院及时介入，形成了检察合力。监督不是你错我对的"零和"博弈，行政检察、行政审判和法治政府建设有共同的目标价值追求，致力于法治国家建设，只是各自职责和方式不同。行政检察通过监督促进被监督对象自我审视和纠错，检察履职的过程也是促进检察机关、人民法院和行政机关在中

国特色社会主义法治实践中"双赢多赢共赢"的过程。案件办理过程中，我们既坚持原则，督促采纳监督意见，又与法院沟通协调，形成从根本上解决争议的共识，开展了联合调查和调解，促进了争议的有效解决。

案件的办理虽然取得了一定的成效，但诚如发布会上点评专家所说，打造典型案例有难度，但集中资源和精力尚可行，如何让案例中的举措具有普遍可行性，让类似的争议解决在行政检察中成为一种常态，是推动工作长远发展需要认真思考的问题。对于新时代的行政检察而言，在找准工作方向、重点后，采取有力措施将做实行政检察落到实处，是我们共同的职责。作为新生代的行政检察人，定当不辱使命，加强学习和历练，提升能力素质，积极担当作为，发挥行政检察"后发优势"，在新时代、新发展阶段法治建设的新征程上贡献力量。

专家点评

实现合法性、能动性、有效性有机统一
形成可复制的案例样本

王锡锌*

胡某与天津市国土资源和房屋管理局撤销不动产权证书行政抗诉案的典型性主要体现在三个方面：

一是在法律框架内开展化解，体现了合法性。检察机关促进行政争议的实质性化解，于法有据。本案表面是行政纠纷，被告是不动产登记部门，原告要求不动产登记部门撤销不动产登记，但实际的争议和当事人的主观权益诉求是民法上的相邻权问题，实际上是以行政诉讼来促民事争议的解决。遇到这样的问题，就容易让人产生行政检察权参与化解的法律依据在哪里的疑问。我国《宪法》第 134 条规定了人民检察院是国家的法律监督机关，第 136 条进一步规定人民检察院依法行使检察权。这两个条文为检察机关促进行政争议的化解提供了法律依据。在这个情况下，不能简单适用第 134 条所规定的人民检察院是国家法律监督机关作为检察权行使的依据，因为该条仅规定人民检察院作为国家机构的职能，即法律监督机构的职能。因此，还需要满足第 136 条的规定，即依法行使检察权。本案当中，检察机关较好的结合了两个条文，一方面要达到第 134 条法律监督的目的；同时，在手段上，通过抗诉的方式借助行政诉讼法和民事诉讼法当中赋予的检察权而实现履职之目的。

进一步分析，中国行政诉讼到底是客观诉讼，还是主观诉讼？这是有争议的。如果从行政诉讼法规定的对行政行为合法性进行审查这样一个原则来看，似乎是客观诉讼。法院的主要目的是判断行政行为的合法性，并作出评价，是对法定秩序是不是得到实现的司法评价过程，所以，它是客

---

* 王锡锌，北京大学法治与发展研究院执行院长、《中外法学》杂志主编、北京大学法学院教授。

观诉讼。但《行政诉讼法》第1条明确讲了解决行政争议之立法目的。从行政争议化解角度来说，我国行政诉讼又具备主观诉讼的一些特点。中国行政诉讼在制度设计上应该从主观诉讼这样一个角度切入，但功能上是主观诉讼与客观诉讼的结合。在这里，客观诉讼的目的其实契合了法律监督的根本目的。在理论和实践当中，如果提出检察机关为什么要干预民事争议？当事人自行解决不好吗？或者行政机关跟当事人之间、跟相对人之间的争议为什么不能由法院解决，为何需要检察机关介入纠纷的实质性化解？这些问题回到了客观法秩序维度。也就是说，争议解决表面上是主观权利的纠纷，但在它的背后是一个客观法秩序。法的客观秩序到底有没有得到归位？到底有没有满足法定状态？这是人民检察院行使法律监督权的根本理据。在这点上，本案的典型性，不仅仅表现在解决个案的问题，同时贯穿了监督的合法性这个基本要求。

二是案结事了，实现检察监督势能到动能转换的能动性。本案典型性的第二点体现在能动性。检察机关介入到民事行政交织争议的目的为维护客观法秩序的实现，客观法秩序的实现在结果上就是案结事了。检察院介入有什么优势呢？能动性在哪里呢？主要表现在检察机关跟狭义司法机关法院的角色功能不同。法院更多的是居中裁判者，检察机关是法律监督者，追求客观秩序的实现。所以，检察机关介入以后，法检就能够寻找最大公约数，检察机关可以不断启用检察权的势能进行各种各样的调查。严格来讲，法院是不能这么做的，也不好这么做，否则它中立性的角色就会受到影响。如果法院这么做，成了典型，可能就是"高级黑"，法院帮任何一方进行调查核实都是不应该的。但是检察机关可以这么做，这是检察机关的优势所在。检察机关的这种势能，有助于推动纠纷实质性化解的进程，实现势能向动能的转化。

三是形成可复制性经验，实现有效性。从有效性的角度看，本案最大的特点是以行政案件的事由进入行政诉讼程序。本案核心争议其实是民事争议，历时3年历经29起诉讼，整个司法程序在不断的运转，但是，很多时候都是在空转。如果不是检察机关介入运用势能、推动纠纷解决进程，这个案子不可能得到解决，还会空转下去，案不结、事不了或者案结事仍然不了。本案典型性也表现在有效性方面。针对某一案件，聚集了很多热情，花费很多精力，投入很大能动性资源，办出一个精品案子，这有难度，但不是不可能。但比较难的是，这种做法是否具有可复制性？这就是制度层面的有效性问题。如何将典型性和未来的普遍性、可复制性结合起来，这是我们做典型案例时需要关注的。我希望典型案例是一个样本，但不是标本。

魏某等 19 人与山西省某市市场监督管理局
不履行法定职责行政抗诉案

【关键词】

棚户区改造　物业收费　化解群体性矛盾纠纷

【案例简介】

2015 年 3 月，魏某等 19 人所在小区拆迁改造被确定为棚户区改造项目。在回迁安置过程中，山西某房地产公司委托某物业公司向回迁安置户收取供水、供气、供热等设施建设费。2017 年 6 月 30 日，魏某等 19 人投诉至某市市场监督管理局，要求该局对物业公司乱收费行为进行查处。该局立案受理后，未作出相应行政处理决定。魏某等 19 人认为市场监督管理局未依法履行法定职责，向某县人民法院提起行政诉讼，某县人民法院于 2017 年 11 月 10 日作出行政判决，驳回魏某等人的诉讼请求。魏某等人向晋城市中级人民法院提出上诉。中级人民法院于 2018 年 3 月 27 日作出行政判决，认为市场监督管理局虽未在法定期限内作出行政行为，但其理由具有一定正当性，因此不构成不履行行政职能。魏某等人不服二审判决，向山西省高级人民法院申请再审未获支持，后申请晋城市人民检察院监督。晋城市人民检察院提请山西省人民检察院抗诉。

山西省人民检察院经审查认为，市场监督管理局虽然对魏某等人的投诉事项进行了立案、调查，针对法律适用和政策界限问题向上级机关进行请示，但依照《价格违法行为举报处理规定》，应当在法定期限内作出行政处罚、不予行政处罚或移送有关行政机关处理等决定。因此，原审判决认为市场监督管理局不构成不履行行政职能，属认定事实不清，适用法律错误。据此，2020 年 6 月 8 日，检察机关依法向山西省高级人民法院提出抗诉。2020 年 6 月 23 日，山西省人民检察院检察长主持召开公开听证会，促成各方当事人达成一致意见，当场签署和解协议。案涉小区其他 189 户的同类型问题参照和解协议确定的处理方案"一揽子"解决。该协议现已执行完毕。检察机关依法撤回抗诉。

【意义】

本案检察机关通过提出抗诉、商请规范性文件制定机关解释、召开案件协调会、公开听证会等方式，指出行政机关以规范性文件规定不明确为由怠于履职属未履行法定职责的情形，督促行政机关纠正其违法行为。检察机关在办案中坚持个案监督与类案监督相结合，审查办案和化解调处相结合，在抗诉的基础上，跟进促和，促使争议各方达成和解协议，同时一揽子解决案涉小区其他 189 户回迁安置户的退费问题。该案的成功办理对于促进行政机关依法行政，妥善解决同一领域相同或类似问题，化解群体性矛盾纠纷，具有积极的现实意义。

📝 **办案心得体会**

民心所向　检察所至
让监督既有力度也有温度

杨景海　郭建军　魏雅如[*]

一、发挥"头雁效应"，主动担当作为，是引领推进行政争议实质性化解的重要保障

"老大难，老大难，老大出面就不难"。作为一把手工程，检察长带头包案办案，凸显"老大解决老大难问题"的检察担当。行政争议案件涉众、矛盾深、化解难，有时涉及多层级、不同职能的行政机关，检察长的出面协调对争议的最终化解往往起到事半功倍的效用。本案是棚户区改造拆迁安置引发的争议，政策性强、矛盾纠纷解决难度大、社会关注度高。杨景海检察长了解案情后，主动承办该案。为充分保障魏某等19人的合法权益，办案组组长杨景海亲自阅卷、接访、研究制定方案，克服疫情影响，采用两省三地连线"远程视频"和"面对面"结合模式，多次耐心倾听诉求意见，经公开接访、调查核实、公开听证，最终促成矛盾的实质性化解，彰显了为民、务实、担当的检察情怀。

二、秉持"钉钉子精神"，多元监督助力，是有效推进行政争议实质性化解的重要途径

"钉钉子往往不是一锤子就能钉好的，而是要一锤一锤接着敲，直到把钉子钉实钉牢，钉牢一颗再钉下一颗，不断钉下去，必然大有成效。"行政检察监督案件的办理，尤其需要发扬钉钉子精神。将实质性化解作为行政办案的必经程序，久久为功、持之以恒，必能将行政案件办好、办

---

　　* 杨景海，山西省人民检察院检察长、二级大检察官；郭建军，山西省人民检察院第七检察部副主任、三级高级检察官；魏雅如，山西省人民检察院第七检察部三级检察官助理。

实、办入民心。本案中，办案组了解到魏某等人的真正诉求是要求承建单位退费。为促进该案实质性化解，办案组聚焦"市场监督局履职、案涉回迁户享受棚户区政策、《山西省棚户区改造工作实施方案》第十四条理解、承建方退款"四个重难点，紧盯问题，层层深入解决，逐步跟踪化解。针对市场监督局是否履职，办案组审查认为市场监督局属于未能正确、全面履职。针对案涉小区回迁户可否享受棚户区改造政策，办案组多措并举、多管齐下，启动调查程序，查核到案涉小区在建设中已获批为棚户区改造项目。针对《山西省棚户区改造工作实施方案》第 14 条如何理解适用，办案组发函省政府商请对"配套建设费由相关单位出资"中"相关单位"进行释明，省住建厅函复"相关单位指市政公用设施的相应主管部门或责任单位"，为实质性化解争议厘清了政策规定。针对收取 208 户回迁户的基础配套费无依据，如何让承建方退款的问题，办案组向市场监督局通报该案调查核实情况，释明该局未全面履职，督促其继续履职。在市委、市政府主要领导参与配合下，办案组召开相关职能部门与承建单位交流座谈会，摆事实、解政策、释法律，初步形成一致意见，即承建方收费无依据。但其中的供气款无法退还，故再次向申请人代表及所有住户释明，取得认可。杨景海检察长及时主持召开公开听证，对四方面焦点问题充分听取各方意见，以公开促公正赢公信，促成承建方与回迁户代表签订退款协议，由市场监督局、街办签字监督执行，用一天时间将 205 万费用全部退还 208 户回迁户，未收取的 39 万元不再收取。至此，持续 4 年的行政争议得到了实质性化解。

三、延伸监督职能，打通"最后一公里"，是行政检察参与社会治理、推进法治政府建设的重要抓手

棚户区改造是党中央推进的重大民生工程。通过本案办理发现，一些基层行政机关对棚户区改造相关政策的理解落实及文件的贯彻执行，存在一些不到位和不彻底的问题。为进一步扩大监督效果，发挥引领示范作用，我院主动延伸办案职能，从提升社会治理能力角度出发，在全省检察机关开展棚户区改造涉及法律问题的专项调研，进一步了解和掌握全省各市、县（区）政府在棚户区改造过程中存在的类似问题、涉及户数、维权情况等。对排查发现的类似案件，检察机关比照本案办理完成。通过报纸、公众号、网站等媒体进一步宣传，使全省有关行政机关认识到完全履职、充分履职的重要性，对依法行政起到一定的示范作用，人民群众对司法的公信力亦得到提升，取得了"办理一案，治理一片"和双赢、多赢、共赢的监督效果。行政检察与民同行，就要依法解决群众的实质诉求，把人民的事情办好办实，把人民得实惠的实事做深做细，同时引导群众靠法信法，助推法治政府和法治社会建设。

四、注重一案一总结，积累办案"经验值"，是提升行政争议实质性化解案件办理质效的重要参考

"案子不是办完就结束了，而是要从案件中不断总结好经验。"本案的办理，为今后类似案件的办理提供了可借鉴、可复制的重要方法。一是树立精准监督理念，妥善选择监督方式。对抗诉后仍不能解决申请人正当诉求的，不能简单一抗了之，应合理运用"以抗促调"，有效维护当事人合法权益，推动争议的实质性化解。二是检察机关提出抗诉后，为维护与申请人具有同等情况但未提起行政诉讼的其他主体的合法权益，可以依职权继续跟进，推动解决"同类型"问题。三是准确适用法律法规是依法公正解决争议的基本前提，对行政机关以法律规定不明确、政策界限不清晰为由履职不到位导致的行政争议，应主动商请制定机关进行解释，明确规则，解决分歧，在促进争议解决的同时推进系统治理。

初心如磐，使命在肩。人民检察为人民。我们将始终坚持"三个自觉"，积极回应人民群众的正当诉求，常态化、规范化开展行政争议实质性化解工作，努力让人民群众在检察监督中有实实在在的获得感，为实现全面依法治国，促进国家治理体系和治理能力现代化贡献行政检察智慧和力量。

📑 专家点评

检察机关实质性化解行政争议
促进依法行政 推动法治政府建设

杨建顺 *

在魏某等 19 人与山西省某市市场监督管理局不履行法定职责行政抗诉案中，人民检察院坚持个案监督与类案监督相结合，审查办案与争议化解和矛盾调处相结合，在抗诉的基础上，跟进促和，妥善解决同一领域相同或者类似问题，化解群体性矛盾纠纷，具有重要的实践借鉴价值和理论启迪意义。

人民检察院以实质性化解行政争议为目标，将提出抗诉作为实现目标的路径，以商请规范性文件制定机关解释作为实现目标的基础支撑，把召开案件协调会、公开听证会等作为实现目标的方式，有效促成各方面达成一致意见，签署和解协议。在此基础上，人民检察院进而促成一揽子解决涉案小区其他 189 户回迁安置户退费问题，展示了人民检察院积极参与社会治理的担当精神和有效治理的崭新风貌。

人民检察院明确指出：行政机关以规范性文件规定不明确为由怠于履行职责属于未履行法定职责的情形。这对于督促行政机关依法科学合理明确配置权责，扎实推进依法行政，追求积极能动的良法善治，具有重要的启迪和推动作用。

本案有 8 大亮点和 6 点思考。

一、本案的八大亮点

第一，围绕做实行政检察目的，以实质性化解争议为目标，坚持审查办案与争议化解和矛盾调处相结合，最终实现案结事了。4 年的纠纷，几

---

* 杨建顺，中国人民大学法学院教授、中国法学会行政法学研究会副会长、《法学家》杂志副主编、比较行政法研究所所长。

天就予以化解了，这种做法给我们带来很多很多的启发和借鉴。

第二，不是将抗诉作为目标，而是将其作为实现目标的方式和路径。抗诉是各种组合拳的一个前奏，在抗诉的基础上来促进、跟进、促和，本案这样的方式方法给予人们以引领性示范。

第三，检察机关以商请规范性文件制定机关解释作为实现目标的基础支撑。检察机关的这种做法，值得行政机关学习借鉴，对学者也是极大的启发。针对法规范规定不明确的领域或者范畴，可以搞一个规范性解释，以从本原上理清问题。有了这样的基础支撑，然后再去解决类似问题。

检察机关的做法分为 3 个阶段。

首先是向山西省人民政府发函——《关于商请省政府对晋政发〔2014〕22 号规范性文件进行解释的函》，请求制定机关对涉案的《山西省棚户区改造工作实施方案》第 14 条进行解释。

其次是了解相关政策，与山西省住建厅座谈，了解棚户区改造相关政策。

最后是对案涉小区所在街道办事处、居委会、市场监督管理局、住房和城乡建设局，该市供热、供水、供气等公司有关负责人员进行询问。

检察机关最终查明，案涉小区在棚户区改造过程中，政府有关部门和相关单位向房地产公司就回迁安置小区收取供水、供气、供热等基础设施建设和安装费用，因此房地产公司委托物业公司向魏某等回迁安置户收取自来水入网费、供热二次管网材料费和安装费。根据山西省政府有关文件规定和山西省住房和建设厅的书面答复意见，棚户区改造项目，建设供水、供气、供热等市政公用设施产生的费用由相应主管部门或责任单位承担，有关部门和单位不得收取入网、管网增容等经营性收费，有线电视初装费由用户承担，减半收取。因此，物业公司的收费行为不符合规定，市场监督管理局依法应予查处。

如此全面调查的做法，认真负责的态度，非常值得学习。本案的典型性、可复制性、可推广性值得反复强调。不仅是检察机关，而且行政机关也应该好好学习。

第四，明确认定未履行法定职责的情形。有依据、有调查、有分析，通过这些做法明确认定未履行法定职责的情形，观点明确，立场坚定。

第五，把召开案件协调会、公开听证会等作为实现目标的方式，体现了正当程序的价值追求。检察长亲自主持协调会、听证会，体现了检察机关对本案的重视，也提示了行政争议实质性化解的组织保障要件。

第六，坚持个案监督与类案监督相结合，妥善解决同一领域相同或者类似问题，化解群体性矛盾纠纷。把涉及 19 人的案件办结的同时，将 189 户的事情一并解决，这样的担当和积极履职的精神值得学习。个案监督和类案监督相结合，使得隐性的群体性矛盾得到化解，为妥善解决这个领域里相同或者类似的问题，实行善政，提供了可资借鉴的思路。

第七，妥善选择监督方式解决争议。与以抗诉为前奏相结合，借助抗诉"势能"，积极协调行政机关与监督申请人，拓展行政检察监督的空间和作用。

第八，穿透式监督，为解决程序空转问题提供了重要视角和实操借鉴。

二、本案的六点思考

第一，什么是职责？什么是法定职责？二者有什么异同？法定职责中的法，是限于法律、法规、规章，还是包括规范性文件？这是行政法学研究中经常会面临的一个尚无定论的问题。《价格违法行为举报处理规定》是什么性质？其所规定的事项，能否称为法定职责？检察机关依据这样的规定，通过制定部门的解释，确定不履行法定职责，这样一种情况应该如何评价，还是需要深思的。

第二，什么是不依法履行职责？某市市场监督管理局立案受理后，未作出相应行政处理决定。认为《山西省棚户区改造工作实施方案》第 14 条的规定不明确，遂向某市人民政府作出请示。某市人民政府未就该局提出的问题给出明确答复，仅提出协调处理指导意见，该局将相关情况告知监督申请人后，未作出相应的行政处理决定。

法院已立案，已调查，向上级请示；案件还在办理当中，是不是已经履行了法定职责？值得我们思考。人民政府没有作出明确的答复，但是，在协调处理，到底在什么时候作出答复才算履行法定职责？还不是特别清楚。

第三，由谁认定不依法履行职责？立法、行政、司法（包括法院、检察院）的权责分工是非常值得我们思考的一个问题。在这个案件当中，检察院作出了很重要的非常好的判断，从方法论上讲是很值得肯定的。但是，按照"国家的法律监督机关"定位，检察机关履职应当是督促行政机关依法履行职责;进行穿透式监督才能够促使行政争议实质性化解。那么,其界限该如何把握?这就导出了下面3个问题。

第四,如何认定不依法履行职责?人民检察院明确指出,行政机关以规范性文件规定不明确为由怠于履行职责属于未履行法定职责的情形。

第五,认定了不依法履行职责之后该如何处置?穿透式监督,一揽子解决问题。

第六,法院裁判和检察监督的职能拓展及其边界的思考。立法、行政、司法(法院、检察院)三者的权责配置,需要考虑的问题很多。在本案中,由检察长组织协调会、听证会等,这种职能或许更应当由行政机关来承担。如果是这样的话,那么,行政机关应当建立组织协调机构,组织召开公开听证会、有关的协调会,一揽子解决相关问题,而此做法应当在行政组织法中予以规定落地。如果说这种职能应当由检察机关来承担,那么,就应当给予检察机关更多人力、物力、财力支持。作为"国家的法律监督机关",人民检察院针对法院的法律文书进行抗诉了,相关问题却不一定能够得到解决,这说明了抗诉制度本身可能值得我们认真思考应对。

某村某组与内蒙古自治区某市某区人民政府和冯某土地行政登记行政抗诉案

【关键词】

行政裁判结果监督　土地行政登记

【案例简介】

2004年4月28日，某农产品公司与冯某等签订了《某甜菜站转让协议》，将某甜菜站有偿转让。同年6月9日，某区人民政府依冯某申请向其颁发了《国有土地使用证》。2017年1月16日，某村某组认为某区人民政府将集体所有的土地以划拨形式为冯某办理《国有土地使用证》的行政行为损害了其合法权益，向某区人民法院提起行政诉讼，请求撤销该《国有土地使用证》。法院于2017年5月4日作出行政判决，驳回其诉讼请求。某村某组提出上诉。某市中级人民法院于2017年8月14日作出行政判决，驳回上诉，维持原判。某村五组不服二审判决，向内蒙古自治区高级人民法院申请再审未获支持，后申请某市人民检察院监督。某市人民检察院提请内蒙古自治区人民检察院抗诉。

内蒙古自治区人民检察院经调查核实，并就有关专业问题咨询国土专家，审查认为，冯某个人将诉争土地用于仓储不符合可以以划拨方式提供土地使用权的用地范围；本案争议土地权属来源不清，某区政府颁发土地使用证的行政行为法律依据不足；某区政府在颁证过程中地籍调查程序存在瑕疵，土地登记申请审批表中多处未按规定填写完整等。某市中级人民法院行政判决认定事实的主要依据缺乏证据证明，某区人民政府作出颁发《国有土地使用证》行政行为违反法律规定。据此，2019年12月向内蒙古自治区高级人民法院提出抗诉。2020年1月，内蒙古自治区高级人民法院裁定，指令某市中级人民法院再审。2020年6月，法院采纳检察机关抗诉意见，依法作出改判。

【意义】

本案检察机关通过调查核实，查明某区人民政府将集体所有的土地以划拨形式为冯某办理《国有土地使用证》的行政行为不符合法律规定，以此为据提出抗诉，促使错误判决和行政行为得到纠正。

✎ 办案心得体会

调查核实有深度　检察监督有力度

李　雁　刘彦文*

现就办理某村某组与巴彦淖尔市某区人民政府和冯某土地行政登记行政争议申请监督案谈以下几点心得体会：

一是全面提升监督水平，主动履行监督职责。在新时代"四大检察"法律监督格局下，行政检察部门应主动担当作为，充分运用法律赋予检察机关的职权，以办案为中心，在办案中监督，在监督中办案，充分发挥行政检察"一手托两家"作用，一方面监督人民法院公正司法，另一方面促进行政机关依法行政，更加注重发挥行政诉讼监督工作在促进社会治理、加强法治政府建设过程中的作用。本案经检察机关抗诉后成功改判，既维护了申请人的合法权利，促进了行政机关依法行政，又监督了法院的审判活动，促进提升行政诉讼审判质量，共同维护法律权威。

二是构建调查与审查并重的工作机制。办理案件过程中，要防止只见树木不见森林，注意了解、收集与案件相关联的其他信息材料。该案为某村某组与某区人民政府和冯某土地行政登记引发的纠纷，检察机关受理该案后，承办检察官分别调阅了法院卷宗、相关档案等材料，对案卷进行书面审查，仔细推敲案件细节，严格审查证据材料，并查阅了关于土地登记的相关案例资料，进行学习参考。针对行政机关在履行登记行为过程中存在瑕疵、在颁证过程中未按照国家相关规定办理的情况，注重调查核实，充分开展了书面审查以外的调查工作，多次前往国土资源局、不动产登记中心等部门进行调查核实，并就有关专业问题咨询国土专家，全面查清了案件事实。实践证明，新形势下加强行政检察监督，应当从单纯的审查和"等米下锅""坐堂问案"的模式中走出来，坚持调查与审查并重，沟通

---

* 李雁，内蒙古自治区巴彦淖尔市人民检察院党组书记、检察长、三级高级检察官；刘彦文，内蒙古自治区巴彦淖尔市人民检察院第六检察部主任、四级高级检察官。

与协作并行,"眼睛向内定思路,眼睛向外找办法",践行精准监督、智慧借助、双赢多赢共赢理念,提高行政检察监督能力,在维护司法秩序、提升司法公信力方面贡献行政检察力量,彰显行政检察担当。

三是坚持融汇贯通,准确适用法律。法律适用不能机械照搬法律条文,而是要正确理解法律条文规定和适用条件,在查明案件关键事实的基础上找到对应的法律条款进行适用。承办检察官在办理本案过程中发现生效判决认定事实的主要证据不足,且某区人民政府作出颁发案涉《国有土地使用证》行政行为可能违反法律规定,在尊重案件事实的基础上,把握法律适用范围,正确选择适用于该案的相关法律和政策。

四是坚持上下联动,提升监督质效。检察机关要注重发挥一体化优势。上级检察院发挥指挥、协调、督导作用,下级检察院发挥熟悉当地情况、就近就地开展工作的优势。上下级检察院齐心协力,共同做好工作。本案中,巴彦淖尔市检察院全面深入地了解案件情况,围绕案件中的关键事实进行调查核实,并就案件情况及时通过电话向内蒙古自治区检察院对口业务部门领导、业务专家请示汇报;内蒙古自治区检察院听取后有针对性地对案件进行指导。通过上下联动,齐心协力解决突出问题,运用抗诉手段维护当事人合法权益,着力提升行政检察监督质效,取得了较好的监督效果。

五是注重加强与法院的沟通联系,确保"三个效果"相统一。人民法院的审判权和人民检察院的法律监督权都是宪法赋予的神圣职责,审判工作和检察工作的出发点和落脚点具有一致性,检法两院应加强沟通联系,坚持双赢多赢共赢的监督理念,这样有利于消除双方在法律理解与适用上的分歧,更好地统一司法标准和尺度,形成工作合力。在办理本案过程中,检察机关注重与审判机关的沟通联系,检法两院相关业务部门多次交换意见,就行政抗诉案件的审理程序、法律适用等问题达成共识,营造了良好的监督环境,实现了政治效果、法律效果和社会效果的有机统一。

六是坚持司法为民,促进争议化解。案结事了政和是行政诉讼监督的重要目标。坚持以人民为中心,就是要在办案中重视和回应当事人的合理诉求,保护其合法权益。本案涉及的是土地行政登记纠纷问题,这也是事关农民切身利益的普遍性问题。无论是在行政诉讼中还是在行政诉讼监督中,人民群众对司法公平正义的获得感,都离不开具体行政争议的解决。检察机关要根据案件实际情况,积极探索多渠道、多方式化解行政争议,切实把行政争议实质性化解工作作为做实行政检察、为大局服务、为人民司法的重要抓手。这起案件通过有效运用抗诉手段，促进了行政争议实质性化解，实现了案结事了政和。

七是发挥领导"头雁效应"，提升办案质效。检察长带头办理重大、疑难、复杂案件，有利于推进司法办案与检察监督的深度融合，保障司法公正。本案为土地行政登记引发的纠纷，且涉众多农民集体土地权益，某村某组向检察机关申请监督的同时，还通过不同渠道反映情况和诉求，如不能妥善处理，极易引发群体性信访矛盾纠纷。这起看似简单的案子，背后却隐藏着复杂的因素，承办检察官受理该案后就该案基本情况及时向检察长及分管院领导汇报，分管领导仔细翻阅该案卷宗，了解掌握案件的事实，并根据法律的规定，对案件进行分析研判，在综合各种信息的基础上针对本案提出指导意见和建议。该案进入再审阶段后，巴彦淖尔市检察院检察长列席市中级法院审判委员会，阐述检察机关对案件的抗诉理由并发表意见。检察长参与办案，以自身业务水平和办案经验，在具体办案实践中传授司法经验，提出指导意见，有利于提升检察队伍专业化水平。

专家点评

发挥调查核实作用
促进行政争议实质性化解

余凌云[*]

某村五组与内蒙古巴彦淖尔市某区政府和冯某土地行政登记抗诉案的典型意义有两点。一是进一步阐释检察机关在抗诉中享有调查权的必要性。检察机关通过抗诉行使法律监督职责的过程中具有特殊性。因为不是跟案件有利害关系的当事人，不可能通过行政行为作出的过程获得有关资讯，也不可能参与到当时的行政复议或者行政诉讼中，更不可能通过行政复议和行政诉讼获取进一步的资讯。即使当事人事后找检察机关寻求支持，一方面由于当事人本身法律素养有限，收集证据的能力有限，给检察机关提交的有关材料、有关证据有限；另一方面，可能因为当事人本身自身利益，给检察机关提供更多的是有利于他自己主张方面的证据。考虑到这些原因，检察机关在抗诉上一定要有调查权，调查权在行政诉讼法里没有规定，只是在《人民检察院组织法》第 21 条有明确规定。但是，第 21 条对于调查核实的方式没有做具体规定。

二是进一步明确检察机关抗诉中进行调查的方式。可采取调取行政机关的卷宗、当时的登记材料，也可以通过走访、询问方式，这些方式都是对《人民检察院组织法》第 21 条调查核实的进一步阐释。

---

* 余凌云，清华大学法学院教授、中国法学会行政法学研究会副会长。

张某与黑龙江省某市人民政府工伤认定
行政复议调解检察监督案

【关键词】

实质性化解行政争议　　工伤认定　　检察建议

【案例简介】

2008年5月7日，某市某煤矿职工张某驾驶摩托车在下班途中，与四轮拖拉机相撞受伤，拖拉机驾驶员逃逸。2008年7月14日至2009年9月27日，张某与某煤矿工伤认定争议，经过某市劳动和社会保障局三次决定和某市人民政府三次行政复议，均未得到最终处理。2009年9月27日，某市人民政府组织争议双方进行行政复议调解，并作出《行政复议调解书》。后张某起诉至人民法院，请求人民法院撤销某市人民政府作出的行政复议调解书，请求认定张某系工伤并享受工伤保险待遇，某市中级人民法院、黑龙江省高级人民法院、最高人民法院均以其起诉不属于行政诉讼的受案范围，且已经超过法定起诉期限为由，未予支持。2018年1月8日，张某向检察机关申请监督，最高人民检察院认为该案符合实质性化解条件，遂交黑龙江省人民检察院、某市人民检察院做好争议化解工作。

黑龙江省人民检察院和某市人民检察经审查后认为：《中华人民共和国行政复议法实施条例》第50条规定"有下列情形之一的，行政复议机关可以按照自愿、合法的原则进行调解：（一）公民、法人或者其他组织对行政机关行使法律、法规规定的自由裁量权作出的具体行政行为不服申请行政复议的；（二）当事人之间的行政赔偿或者行政补偿纠纷"。某市人民政府作出的行政复议调解并非针对行政机关行使自由裁量权作出的具体行政行为，同时，双方争议也非行政赔偿或者行政补偿纠纷，某市人民政府作出行政复议调解违反《中华人民共和国行政复议法实施条例》的规定，某市人民检察院于2020年8月18日向某市人民政府提出检察建议，建议市人民政府撤销行政复议调解书。2020年8月21日，市人民政府决定撤销该调解书，并责令人力资源和社会保障部门重新作出具体行政行为。2020年10月22日，某市人力资源和社会保障部门作出决定，认定张某为工伤。经最高人民检察院、黑龙江省院、某市院三级检察院联动化解，张某最终获得了一次性工伤赔偿金 10 万元，2020 年 12 月 2 日检察机关举行行政争议实质性化解检察宣告，这起 12 年的行政争议终得解决。

【意义】

检察机关发现行政机关作出的行政复议调解违反了相关法律规定，通过提出检察建议，监督行政机关纠正违法行为，维护了人民群众的合法权益，实现行政争议的实质性化解，取得了良好的法律效果和社会效果。

办案心得体会

攻坚克难化争议　执法为民解民忧

黑龙江省鹤岗市人民检察院行政检察办案组

"我非常感谢各位领导与各位检察官，迟到的正义也是正义，但正义从未缺席。我感激在座的各位对我的帮助，你们辛苦啦！为了我的案件，你们日理万机，到处找证据想办法，了解我的诉求，我给你们鞠个躬。"这是张某在检察建议公开宣告上说的一番话。他用最朴素的语言表达了对检察机关的感谢，在场人员无不为之动容。我们作为办案人，感到欣慰的同时，也深深体会到，人民群众满意就是对行政检察工作的最高评价。

回顾办理这起案件，我们主要有以下三点体会：

一是办理行政检察监督案件要践行执法为民的理念。"执法为民"是检察工作中一个永恒的主题。因此，影响人民群众最基本利益的工伤类行政案件，是行政检察监督工作关注的重点。对这一类案件，我们必须认真践行检察官职责，在办案过程中要切实贯彻以事实为根据，以法律为准绳的原则，要客观、全面地收集证据，准确查明案件事实，正确地使用法律规则，公正司法。张某的案件，其要求认定工伤有一定事实依据，诉求合理合法。然而自张某 2008 年申请认定工伤至最高人民法院再审驳回，历经近十多年的程序空转，仍未能解决其要求认定工伤的诉求。我们审查认为，鹤岗市政府行政复议调解终结了张某工伤认定程序，影响了张某认定工伤的权利，属于可诉的行政行为，法院以行政复议调解不属于行政诉讼案件范围为由不予立案存在不当。且张某在行政复议调解中获得赔偿的数额，仅仅能够支付其医疗费用，远远低于其应当获得的工伤赔偿，显失公平。但是，由于张某提供的证据不能够充分证实其未超过起诉期限，无法支持其监督申请。而张某认定工伤问题已无其他救济途径，仅拘泥于就案办案，会导致案结事不了，辜负人民群众对公平正义的期待。如果对该案进行行政争议实质性化解，能帮助张某认定工伤，获得应有的工伤赔偿，符合检察机关执法为民的办案理念。正是在这种理念的正确指引下，最终解决了张某认定工伤的核心诉求。张军检察长说："我们办的不是案件，而是别人的人生。"案件办理是否公正，会影响当事人的一生，关系到其一辈子的生活质量。群众的合法诉求如果得不到解决，就容易转化成影响社会和谐稳定的消极因素。因此作为人民的检察官，只有竭尽全力化解民众诉求才能无愧良心和责任。作为法律的监督者，我们要始终践行"执法为民"的理念，在执法办案的过程中要切实的用好手里的检察权，要牢牢把握问题导向，履行好我们的工作职责，做好公平正义的守护者。

二是开展行政争议实质性化解工作要具有攻坚克难的勇气。行政争议实质性化解工作是一项难度特别大的工作，想要克服困难，最终完成争议化解，必须要有攻坚克难的勇气。第一，要取得申请人的信任特别难。到检察机关申诉的案件，绝大多数是经过了一审、二审，甚至多次审理，想要化解行政争议谈何容易！张某的案件从起诉到申诉，已经 10 多年，他对公正的期盼、渴望已经变成失望甚至绝望。张某在威海打工，办案组多次电话沟通，张某都对检察机关的化解工作极其不理解、不信任，经常不接听电话，有时候电话关机十几天，导致化解工作无法正常开展。为做通张某的思想工作，同时考虑到减轻其经济负担，办案组决定到威海与张某面对面沟通交流，释法说理，打消其疑虑。办案组到达威海后，给张某打电话，告诉他我们来了解他案件的情况，问他家在哪里我们过去。张某接到电话很吃惊，说你们真来了。见面后张某说："没想到你们亲自来了，不管我这个案子什么结果，你们能这么远来，我就很知足了。"我们向张某介绍了案件实质性化解争议工作的方向和进展，进行全面的释法说理，帮助其解心结，消怨恨，解决了张某不信任检察机关的难题。第二，要行政机关和第三人接受检察机关的化解意见特别难。张某的案件，我们沟通后行政机关不同意检察机关撤销复议调解的意见，而且由于煤矿经营主体变更，新的法人也不同意化解。如果面对困难退缩，任何一个问题都会导致化解工作失败。我们充分发挥了上下一体化办案机制作用，省、市两级院领导之间、办案人之间，多层次、多次对案情及下步工作反复沟通研究，同时省院及时向高检院七厅领导进行了汇报和请示，获得了工作指导和支持。鹤岗市院检察长和分管副检察长深入办案一线，多次与分管副市长、行政机关和煤炭协会领导交流沟通，争取工作支持。我们迎难而上，将本案列为全省挂牌案件，制定了化解方案，明确了化解思路，成立了省、市两级院联合化解办案组，采取省院统一指挥、市院领导包案的方式，全力化解行政争议。在三级检察院共同努力下，问题逐一得以解决，最终成功化解了该案。今后我们办理行政检察监督案件，要以该案为标准，不惧困难，继续把"过期之诉"等符合行政争议实质性化解条件的案件作为工作重点，一律开展化解工作，采取一切有效措施，"应化解尽化解"，多为老百姓解决实际问题。

三是取得双赢多赢共赢的办案效果要发挥检察工作的智慧。行政检察"一手托两家"，一方面要保证法律的正确实施，维护人民群众的合法权益；另一方面要监督行政机关依法行政，规范行政执法。办理每一件行政案件，都要充分发挥检察智慧，追求人民群众满意、行政机关认可的双赢多赢共赢的办案效果。在张某案件行政争议实质性化解工作中，我们积极担当，双向沟通，充分发挥了检察机关的桥梁纽带作用。为取得行政机关对检察机关化解意见的认可，我们换位思考，了解到政府顾虑撤销行政复议调解后引发矛盾的问题，主动分忧，与张某多次沟通，平息张某的不满情绪。张某表示其根本诉求是认定工伤，保证认定工伤后不再就其他问题再上访；我们适时向地方党委报告化解工作，向地方政府介绍高检院行政争议化解专项活动文件精神，提出了采用检察建议的方式来化解争议。2020年8月18日，鹤岗市检察院向鹤岗市政府提出检察建议，指出其所作出的《行政复议调解书》违反相关法律规定，建议鹤岗市人民政府撤销。8月21日，鹤岗市政府决定撤销该调解书，并责令人社部门重新作出具体行政行为。10月22日，鹤岗市人社部门作出决定，认定张某为工伤，最终张某经法院民事调解后获得了工伤赔偿，历时12年的行政争议得到了彻底解决。该案运用检察建议刚柔并济的特点，一方面纠正了行政机关不规范的行政行为；另一方面又提出了社会治理的建议。既保证了行政争议实质性化解工作依法规范开展，又得到了地方党委政府的认可和支持，真正达到了双赢多赢共赢。通过办理这个案件，我们意识到要认真学习领会好高检院文件精神，勤于思考，活学活用，在办案中充分发挥检察智慧，办理的案件才能取得更好的法律效果和社会效果。还要把办案工作与群众工作结合起来，同群众心对心交流，就能了解到真实情况，找对问题症结，解决问题也会变得容易了。

专家点评

检察机关在工伤认定案中推进行政争议实质性化解具有代表性和示范性

程雁雷[*]

张某与黑龙江省某市人民政府工伤认定行政复议调解检察监督案，具有代表性和示范性。

首先，具有代表性。近些年来，工伤认定纠纷案件在我国劳动争议类案件中占比较高。例如，2020 年，全国检察机关受理涉及劳动和社会保障行政管理申诉案件 800 余件中，其中涉工伤认定类占比超过 80%。工伤认定纠纷案件事关劳动者权益保护，事关社会和谐稳定，但在行政认定、司法处理环节又容易出现争议。张某与黑龙江鹤岗市人民政府的工伤认定行政复议调解检察监督案，正是因为在行政认定和司法处理环节出现争议，以致于本案历经 10 多年，先后经历三次行政复议、中院不予立案、高院驳回上诉、最高院驳回再审申请等程序未能解决。

本案可以说是讲好行政检察故事、推进中国特色检察理论特别是行政检察理论的代表性案件。本案中，黑龙江省和鹤岗市两级检察院发挥行政检察职能、找准问题症结、回应当事人的核心诉求、释明法律适用，最终促进行政争议的实质性化解。2014 年《行政诉讼法》第 1 条新增"解决行政争议"的立法宗旨，这个立法宗旨的实现需要具体落实。而加强行政检察监督、促进行政争议实质性化解专项活动就是非常有力的落实举措。2020 年"两会"上，最高人民检察院工作报告明确指出要深入推进行政争议实质性化解、维护司法公正、促进依法行政。本案正是检察机关通过发挥行政检察职能促进行政争议实质性化解的典型案例。该案中，两级检察院成立化解办案组，通过深入调查案件情况，一方面对张某的核心诉求

---

[*] 程雁雷，安徽大学副校长、教授、博士生导师。

提出明确的法律意见。办案组认定在对工伤进行行政复议过程中，申请人已经提供了证据证明其当日已经上班，没有足够相反证据的情况下，复议机关应作出有利于保护劳动者合法权益的认定，不应作出撤销工伤认定的复议决定。另一方面，通过对《行政复议法实施条例》第50条的释明，认定在张某与劳动和社会保障部门之间的工伤认定纠纷中，鹤岗市人民政府作出的行政复议调解违反了法律规定，属于可诉的范围，为争议的解决奠定了基础。

其次，具有示范性。具体表现在：一是聚焦核心争议，防范重大社会风险。本案中两级检察院通过了解当事人的核心诉求，准确把握住案件的核心争议。通过对核心争议提出明确、具体的法律意见，维护了当事人的合法权益，实现了纠纷的实质性化解，破解了司法程序空转难题，防止当事人不满情绪堆积，保护了弱势群体的利益，有效防范了社会重大风险。

二是检察机关充分发挥法律监督职能，推进诉源治理。检察机关在调查核实案件事实的基础之上，找准问题症结，实现诉源治理。该案中，检察机关通过释明法律、监督纠正不当行政行为、了解行政相对人真实诉求、积极协调各方，在行政诉讼过程之外做好实质性化解工作，实现案结事了政通人和。同时，检察机关对行政机关在工伤认定中违反相关法律的行为发出检察建议，建议行政机关进行改进。这对于促进行政机关加强管理、堵塞漏洞、规范行为、改进工作具有重要意义，有利于促进行政争议源头治理。

三是检察机关与法院、行政机关建立长效沟通交流机制。检察机关通过检察监督，了解张某的主要诉求是撤销行政复议调解，由劳动和社会保障部门重新认定工伤。基于此，检察机关在全面查清案件事实、明晰争议的基础上，搭建包括检察机关、张某、煤矿企业负责人、劳动和社会保障部门、鹤岗市人民政府等在内的多方平台，提供沟通交流解决问题的机会，积极协调各方，切实维护行政相对人的合法权益，最终促使争议得到实质性化解，取得了良好的法律效果和社会效果，为以后此类案件的实质性化解提供了范例。

四是继续完善检察机关对案件的监督。通过对这个典型案件进行深入的总结、示范和推广，形成指导性案例，一方面为日后此类案件的解决提供经验，另一方面促使检察机关更为切实能动地发挥法律监督职能。

上海市黄浦区人民检察院就王某某与区房管局房屋补偿安置纠纷制发检察建议案

【关键词】

代签房屋补偿安置协议

【案情简介】

2020年7月，上海市人民检察院在审查王某某等人与房管局房屋补偿安置纠纷申请监督案件中，发现该案补偿安置协议存在征收人员代签名情况，遂将线索交黄浦区人民检察院行政检察部门办理。该院对2018年以来涉案地块关联行政案件进行排查，发现2件在生效裁判中认定补偿安置协议征收人员代签名、3件认定承租人家属冒签名，相关协议内容虽不存在故意损害户内其他人员权益的情形，但未能保障其对补偿安置方式的选择；此外，审查中还发现6件案件存在征收协议签订后未及时协助进户、支付补偿款的情形。前述11件案件中有关问题的存在，反映出涉案地块动拆迁存在诸多不规范情形，影响执法公信力与工作效果。

针对上述问题，黄浦区人民检察院依托此前成立的行政检察监督工作办公室，实地考察，多方走访，向区房管局制发2件类案检察建议，提出三点建议：一是相关人员应就征收适格主体和委托代理知识开展培训，对相关文证加强审查和证据固定；二是在法律范畴内探索附条件支付合同的可行性，对因签约在先估价产生差异的，可在合同内作附加说明；三是严格规范征收补偿协议签订标准、签约程序，结合实际建立健全与审计单位衔接、征收人员绩效考核等配套制度。区房管局于2020年9月回函检察院，全部采纳检察建议。就相关问题已落实三项措施：一是对包括特殊对象、搭建丈量、无证经营在内的各项认定前置，一改之前的先签约后选房的做法，签约前明确安置款项额度、安置房源信息；二是树立"让阳光成为最佳证据"的理念，将居民和征收人员的交流过程和意思表示以同步记录仪方式全程记录，利用网络直播平台，对选房摇号排序进行全程实时跟踪报道；三是采取业务员分段绩效考核，即协议签订先计入一部分考核，在履行完毕后再计入一部分考核，同时将履行的完整度、时限都进行量化，杜绝少数征收人员为赶进度而代签、冒签当事人签名的情况。目前该地块签约率已达到98.28%。

【意义】

房屋征收补偿领域一直是社会治理的"硬骨头"。上海市黄浦区人民检察院依托行政检察监督工作办公室机制，运用信息联通、圆桌会议、听证评估、检察服务等多种方式，运用法律、社会和经济等多元化手段处理该涉本区重点旧改地块的行政监督类案，延伸行政检察办案效果，促进社会治理。

📝 **办案心得体会**

从一粒灰尘走向一片净土

上海市黄埔区人民检察院行政检察办案组

2020 年 7 月，黄浦区检察院收到上海市检察院第七检察部办理的一件行政生效裁判监督线索。起初，这只是一起涉旧改征收的普通行政诉讼案，建国东路某街坊的部分被征收居民以事关历史保护建筑为由，对征收补偿安置方案提出异议，进而产生了一系列行政复议、行政诉讼和监督申请。如果单纯审查案件并作出支持或不支持监督的决定，本也不是件难事。然而，依托上海行政检察提出的"穿透式"监督理念，市检察院检察官发现部分征收补偿安置协议因委托人代签、冒签引发诉讼，最终被法院判决无效的情形。循着这一线索，我院行政检察监督办公室顺藤摸瓜，最终在市检察院的鼎力支持下，让一起个案延伸到类案，从行政监督走向社会治理，使一颗种子嬗变为一片枝繁叶茂。

一、一起个案身后的时代之音

从该案的法律表象来看，居民是将矛头指向历史保护建筑的动迁与补偿纠纷，经审查，虽然群众的法律诉求不尽合法，但他们提出百年建筑改造一定要慎之又慎的意见却不无道理。黄浦区作为上海中心城区核心区，也是老城厢的聚集地，承载着上海 700 余年的建城史和 170 余年的开埠史，是城市之根、海派文化之源，成片二级旧里以下房屋约占全市总量的一半，成为全市旧改任务最重的城区，旧改工作也被列为区委重点推进项目。建国中路该地块征收能否合法合规、文明有序进行，不仅关乎历史保护建筑问题，更事关上海旧区改造的全局把握，可谓兹事体大。

二、一个错漏背后的法理之辩

本着见微知著的工作思路，我院调阅了法院近年来类似涉诉案件卷宗，发现 2 件生效裁判中存在征收人员代签名、3 件认定承租人家属冒签名，6件案件存在征收方在动迁协议签订后未及时协助进户、支付动迁款的情形，导致群众权益受到一定影响，这背后都指向补偿安置合同这一行政协议的属性之辩。在市区两级检察机关共同研判下，认定行政协议兼具民事平等性和行政权威性，但其不同于传统的单方行政行为，首先体现的是合同双方相对人的契约意识。作为行政机关及征收单位，要正视征收合同的平等性，从而树立公权的权威性。

三、一份建议背后的治理之问

区行政检察监督办公室在出席城区社会稳定例会时注意到，本区对房屋补偿安置中出现的部分安置款和房源未及时到位现象高度重视。监督办作为党委领导下的综合协调平台，对此必须保持敏感。此后，我们走访多家单位、与被征收对象当面交流，发现安置协议签订中不规范操作之所以多次出现，不仅是征收人员法治意识不强的原因，也与征收部门与审计部门衔接不畅、征收考核体系不科学、合同签订证据意识不足有关，而这些都不是一份检察建议可以解决的。因此，在检察机关向行政机关制发检察建议后，监督办顺势而进，开展了房屋补偿安置法律合规专项工作，在相关部门的支持配合下，签约前对包括特殊对象、搭建丈量、无证经营在内的各项认定前置，明确安置款项额度、安置房源信息，让老百姓只签一次协议，也避免了履行困难的问题；采取业务员分段绩效考核，即协议签订先计入一部分考核，在履行完毕后再计入一部分考核，同时将履行的完整度、时限都进行量化，杜绝少数征收人员为赶进度而代签、冒签当事人签名的情况；树立"让阳光成为最佳证据"的理念，加装同步记录仪器，通过每一份合同提升政府公信力。在多方共同努力下，目前涉案街坊的地块签约率已达到98.28%；2020年上海黄浦旧改征收总量达到21100户，再创历史新高。

回顾这起案件的办理，办案团队有三点心得体会：

一是牢牢牵住市区检察院上下联动这根主线。在这批房屋征收补偿协议系列案件中，充分体现市检察院平台大、线索多、视野宽的优势。监督前，市检察院查微析疑，向基层院及时移送线索；监督中，市区两级始终保持战术配合，即市检察院就行政合同理论、全市旧改征收监督实践提供支持，基层院就个案开展调查和协调，最终得以向行政机关发出具有充分理论支撑和较强可行性的检察建议；办结后，该案经市检察院推荐，高检院评审纳入十大行政检察典型案例候选范围，市区两级检察机关广泛发动，各兄弟区院鼎力支持，社会各界纷纷响应，最终促成本案的入选。而这场宣发活动，也进一步扩大了黄浦乃至上海行政检察工作的社会影响力，为讲好行政检察故事增添了生动的注解。

二是紧紧依托行政检察穿透式监督这个法宝。穿透式监督是上海行政检察提出并被高检院认可的工作理念。检察机关在办理相关行政诉讼监督案件的过程中，正确把握法律监督与社会治理的关系，全方位了解各方的诉求与难点，就协议格式、资金供给、签约考核、补偿安置人员法治意识等方面的焦点问题展开调研。在此基础上，透过法院的生效判决，对行政机关制发相应建议；再透过行政监督，参与征收一线的社会治理，实现了该案监督服务的"双穿透"。从对裁判文书监督穿透至对行政机关监督，再"二次穿透"至社会治理层面，最终实现了把检察建议做成刚性的承诺。

三是创新运用行政检察监督办公室这座平台。黄浦区行政检察监督办公室成立于 2017 年，系全市首家。作为在党委领导下推进依法治区和法治政府的议事协调平台，其与行政检察监督职能紧密相连，亦有迥然不同之处。在该案中，我们灵活运用监督办的非司法化身份和角色功能，通过监督办掌握区委对旧改的关切点，以依法治区共建方的身份，前往涉案地块实地开展调查核实工作，与居民直面交流，收集到居民对于家庭成员变更、签约代表资格、补偿款落实等三类社会性问题；将工作触角延伸到多家征收所，耐心听取各方意见，汇总成协议签订技巧、取证固证意识、资金和信息同步等 3 个类型 4 个方面的管理意见。事实证明，较之刚性的司法工作模式，兼具党的领导、行政监管和司法监督特点的行政检察监督办公室更拥有权威优势、灵活姿势和多元模式，完全可以为城区重点项目法治化建设"加持"，为行政检察监督"辅成"。

专家点评

检察机关在房屋征收补偿案件中坚持
协议双方地位平等立场促进争议实质性化解

赵　宏[*]

个人觉得上海市黄浦区检察院就王某某与区房管局房屋补偿安置纠纷制发检察建议案的典型意义主要在二个方面：

第一，房屋征收补偿一直都是社会矛盾比较集中的领域，2014年将房屋征收补偿协议纳入到行政复议范围，2019年最高人民法院关于审查行政协议案件司法解释当中将房屋征收协议作为典型的行政协议，传达的一个基本观念就是房屋征收补偿协议所具备的协议属性。在协议签订和协议履行以及纠纷解决过程当中，要关注双方的地位平等、意思表示对等，而不是用单方行政行为的思路解决行政协议过程中的问题。本案检察机关的审查意见对此问题就有所体现。

第二，在房屋征收补偿协议当中，本案涉及纠纷本身的违法性并不非常突出，主要是合同形式瑕疵问题，即安置补偿协议存在征收人员代签问题。在检察建议中阐明了代签对于补偿安置人员的利益没有造成实质性影响，但代签背后却体现出行政机关在房屋拆迁补偿过程中对当事人程序权利的漠视。这样的漠视不仅会导致行政行为本身的效力瑕疵，还会导致通过房屋征收补偿协议所达到的社会治理效果的可接受度的下降。黄埔区检察院针对这种情况也提出了相应的解决建议，很好的化解了本案所涉及到的行政纠纷。

此外，检察机关还对相关违法线索进行了大量的筛查，发现房屋征收补偿协议执行过程中还存在诸多问题，比如签约在先和事后估价、当事人先签约再选房等。在此基础上，检察机关着眼于优化社会治理，提出了许

---

[*] 赵宏，中国政法大学法学院教授。

多非常有意义的检察意见，比如行政机关如何对公务人员进行考核等。

从上述意义来说，本案不仅是行政检察监督在房屋征收补偿协议领域所做的积极探索，对于通过行政协议参与社会治理同样具有典型意义。

姚某与福建省某县民政局
撤销婚姻登记检察监督案

【关键词】

冒名登记结婚

【案例简介】

2013 年 12 月，一女子假冒"莫某"之名与姚某登记结婚并收取礼金 7 万余元，次日失踪。姚某向公安机关报案，但因证据不足无法立案。姚某多次向福建省某县民政局申请撤销《结婚证》，被以不存在受胁迫情形为由不予受理。2019 年 5 月和 9 月，姚某以莫某为被告向广西某县人民法院分别提起离婚诉讼和宣告婚姻无效诉讼，均被以不存在真实婚姻关系无法判决离婚为由，裁定驳回起诉。2020 年 1 月，姚某向福建省某市某区人民法院提起行政诉讼，请求撤销《结婚证》。该区法院以已超过 5 年起诉期限为由，裁定不予立案。姚某不服，向某市中级人民法院提起上诉、向福建省高级人民法院申请再审，均未获得支持。

2020 年 7 月，姚某向某市人民检察院申请监督。检察机关审查后认为，姚某的起诉确已超过起诉期限，法院裁定不予立案并无不当，但姚某要求撤销婚姻登记诉求合法合理，经请示福建省院后，将该案纳入行政争议实质性化解工作，并指定闽侯县人民检察院办理。

某县人民检察院受案后，经调查核实发现莫某在广西、浙江、山西、福建、安徽五省共有 5 次婚姻登记信息，查明"莫某"收取姚某 7 万元彩礼，并多次冒名登记结婚事实。为进一步理清案件事实、强化释法说理，于 2020 年 9 月举行公开听证和专家论证会，与会专家一致认为，该案虽然不属于《婚姻法》规定的无效婚姻和可撤销婚姻，但在检察机关充分调查核实认定骗婚事实的基础上，民政部门应主动纠正错误的颁证行为。2020 年 9 月，检察机关向县民政局发出检察建议，建议重新审查姚某与"莫某"的婚姻登记程序及《结婚证》的颁发是否符合法律规定，确实缺少合法要件的应当撤销。随后县民政局注销了该婚姻登记信息。

针对姚某多年奔波申诉、生活艰难的情况，县检察院给予司法救助 4

万元，并积极帮助姚某解决子女就学问题。针对冒用他人身份证明结婚、涉嫌骗取财物的犯罪行为，启动立案监督程序，督促县公安局进行一步立案侦查。

【意义】

因他人冒名而作出的结婚登记行为，登记对象明显错误，登记内容客观上无法实现，且严重损害他人合法权益，行政机关应当主动纠错。本案中，检察机关通过举行公开听证和专家论证会，督促引导行政机关主动纠错，推动问题快速实质解决，实现案结事了政和。

📝 办案心得体会

检察有情　百姓有路
——7年行政争议画句号　程序空转迎来峰回路转

林宇办案团队*

7年前，在结婚登记第二天就卷走彩礼的"冒名新娘"，让姚某陷入维权困局：离不掉的婚、撤不掉的登记，告不赢的官司。直到2020年7月，他走进检察机关申请监督，福建省三级检察院深化运用行政争议实质性化解"路线图"机制，成立办案小组，由分管副检察长带头承办，最终成功化解困扰他7年的"终身"大事。作为参与办理该案的承办人，我们有以下几点心得体会。

一、紧抓线索研判"思路图"，多角度破解困局

对这个案件的最初了解，来源于一次民行联系点的走访，律师跟我们反映有这样一个困扰百姓的案件，检察机关能否帮助解决问题：2013年12月，一女子冒用广西"莫某"名义与闽侯县的姚某登记结婚，于结婚登记次日失踪，骗走彩礼7万元。后姚某一直奔走于公安机关、民政部门、多地法院等，寻求各种救济却均无法解除其与冒名者的婚姻登记。

公安机关认为合法婚姻登记不存在诈骗事实不予立案，民政部门认为《婚姻登记条例》仅授权对受胁迫的情况才可撤销登记；向法院提起离婚诉讼，法院认为被申请人户籍不在本地，法院没有管辖权。姚某只能多次往返广西，向"莫某"户籍所在地忻城县法院提起离婚诉讼，因姚某与真实莫某某不存在真实婚姻关系，法院无法判决离婚。后继续向民政部门提出撤销错误婚姻登记申请不被批准，从而引起多年的行政诉讼。该案先后经过起诉、上诉、再审、变更诉请再诉等多次诉讼，因行为超出5年起诉

---

* 林宇，福建省闽侯县人民检察院副检察长、四级高级检察官。

期限，诉讼一直处于"程序空转"状态，未得到实质性审理，导致姚某某无法与现女友办理新的结婚登记，孩子无法落户就学，严重影响了其正常生活。

在本案受理之前，姚某也曾到县院控申部门反映相关情况，主管领导及部门领导多次接待、安抚，引导其依法依规处理，避免走上信访，告知其申请检察监督前需先走完行政诉讼程序，二审案件只能向市检察院申请监督。2020 年 7 月，姚某向福州市检察院提出了监督申请。经初步审查，法院裁判结果并无不当，但是行政机关作出结婚登记的行政行为存在一定瑕疵。该案是冒名婚姻登记撤销引发的行政纠纷，政策性强，矛盾纠纷解决难度大，社会关注度高。如果只是简单的就案办案，还会使当事人再次陷于诉累，结果仍旧是"程序空转"。唯一的路径只有把检察行政诉讼监督从简单的诉讼"启动站"转变为诉求"调节站"，厘清争议焦点并积极推动化解，才能真正解决当事人的"终身"大事。

为此，福州市检察院立即将该案相关情况呈报省院第七检察部，共同会商，决定按照福建省检察机关行政争议实质性化解"路线图"工作机制启动化解程序，将该案交办闽侯县检察院，并由省院第七检察部联合县院组成办案组，协同开展调查核实。通过省院引导、市院传导、基层院落实，三级联动同频推进。受理该案后县院领导高度重视，检察长亲自接访姚某，第一时间派员调查核实。

二、紧跟调查核实"路线图"，全方位夯实证据

本案争议持续 7 年，当事人与民政部门在撤销婚姻登记问题上的事实认定和法律适用争议较大，虽然历经 7 年的控告和诉讼，但当事人对骗婚女子的真实身份和骗婚行为始终没有掌握充分的证据。办案组重点围绕涉案婚姻是否冒名登记问题开展调查核实，数次约见申请人了解案情和诉讼过程，前往法院、民政、公安等单位查询和调取案件相关材料。

通过向县民政局调取《婚姻登记档案》及信息等材料并联网查询，发现与姚某登记合影照片中的"莫某"与身份证上的莫某长相出入较大，莫某某名下共有 5 次婚姻登记信息同时存续，依次在广西省忻城县、浙江省兰溪市、山西省昔阳县、福建省闽侯县、安徽省含山县。早年民政系统婚姻登记未实现全国联网，这就给一些不法分子可乘之机。在掌握了相关情况后，我们选取与本案案发时间最近的山西省昔阳县作为切入点，由分管副检察长带队赴山西跨省开展调查。发现山西这起与我们的受害人同样都是边远山区的未婚青年，都被骗取彩礼后不久失踪，并且从当地婚姻登记中心调取证据中的照片及字迹与闽侯登记材料极其相像，经双方当事人辨认系同一女子，可以断定以非法占有为目的，在短时间内实施多次婚姻诈骗。同时我们还发现2016年姚某在公安机关的控告记录，结合山西与闽侯的数额，无论数额和时间，均符合追诉条件，我们督促了公安机关立案，同时根据相关事实证据，以及相关法律依据向行政机关发出检察建议。

三、紧盯多元化解"实效图"，深层次化解矛盾

为了进一步增强行政机关解决问题信心，排除行政机关思想顾虑，推动社会问题共同解决，办案组决定举行公开听证。邀请人大代表、政协委员、法学专家、政府法律顾问等共同参与，听证会重点围绕某县民政局是否应当撤销姚某的婚姻登记展开，经评议，绝大多数听证员认为某县民政局应主动撤销婚姻登记。虽然该案不属于婚姻法规定的无效婚姻和可撤销婚姻，但在检察机关充分调查核实认定骗婚事实的基础上，对全国联网查询信息化建设滞后及民政部门难以进行实质审查所致的婚姻登记错误，民政部门应主动纠正错误的颁证行为。目前民政部门自行撤销婚姻登记虽缺少具体操作的明文规定，但主动纠错符合立法精神。县民政局当场表示，愿意主动担当，依法纠错。

听证会后，针对主动更正错误婚姻登记程序的法律规定空白，落实听证结论仍存在一点难度情况，办案组持续跟进，发挥省、县两级检察机关协同办案的优势，一方面监督县民政局做好更正错误登记的基础准备工作；另一方面协调省民政厅对相关程序问题加强指导，经过省市县婚姻登记部门共同努力，该错误婚姻登记信息终于在2020年10月10日成功删除，历时7年的行政争议纠纷就此了结。

针对姚某长年多地奔波诉累、被骗取的彩礼因未找到骗婚人无法通过诉讼挽回损失，生活艰难陷入困境等情况，依法给予司法救助4万元人民币，并积极帮助当事人解决子女落户就学问题，做好后续跟踪帮扶，用求极致的精神把"办好群众身边案件"的政治责任、社会责任和法律责任落到实处。同时修复了行政相对人的关系，也是对当事人追求法治的认可。

婚姻登记现有联网、人脸识别技术已解决了漏洞问题，但过去不同程

度的错误问题也带来一些社会问题，长期困扰着群众的生活。对当事人的关注和共情，是一个法律人应当具备的社会责任感，法条永远无法穷尽所有情况，这也要求执法和司法工作根据具体情形准确适用法律，真正尊重当事人，设身处地理解他们的境遇和感受，让人民群众在每一次执法、司法实践中既感受到公平正义，也体会到更多的获得感和幸福感。同时，在办理姚某这起案件中，行政争议实质性化解"路线图"机制起到了举足轻重的作用，我们希望该项机制能够对类案问题的解决提供实践样本，切实解决好群众身边的操心事、烦心事、揪心事。

专家点评

检察机关灵活运用监督方式
促使"过期之诉"实质性化解

刘　艺[*]

选取十大行政检察典型案件时主要有三个考虑：

一是关于评选标准的设定。行政争议实质性化解是一项复杂的系统工程。如果说"案结事不了"是相关法律制度误入歧途，那么寻求实质性化解的路径更像是歧路亡羊的探索过程。好在这种探索也并非冥行摘埴，毕竟"案结事不了"现象具有明显的聚类效应。即无法实质解决的案件经常汇集在特定领域或者展现在特定案由中。但是，行政检察机制实质性推动行政争议化解的标准很多。不同的标准则暗含着不同的制度建设取向。创新实质性化解行政争议的行政检察措施不能异想天开，还需与传统行政检察机制、行政诉讼及行政程序等制度形成关联，而且应力图弥补传统行政检察的不足，完善行政检察监督的工具库。因行政诉讼检察监督工作一直是检察机关的传统业务，也是行政检察的中心工作。所以，我认为选取行政检察典型案件最重要的一个标准是案件办理中最能充分反映抗诉制度局限性，并通过实质性化解措施推动抗诉制度完善的案件。此外，非诉执行检察监督是近年来检察实践中重点推进的新领域，极具时代性与现实性。2014年行政诉讼法修改后，行政诉讼检察监督的重点从裁判结果监督延展到执行监督领域。但是，这项制度的理论基础与实践规则都略显不足。所以，我对这些案件中非诉执行监督案件予以特别关注。对那些已经探索出可复制、可推广的非诉执行办案机制的案件经验，也给了较高分数。

二是本案是30个候选案件中我给予评分最高的案件。冒名登记结婚就是凸显行政诉讼实质性化解争议短板的类案。此类在常识层面非常容易

---

[*] 刘艺，中国政法大学检察公益诉讼研究基地执行主任、法治政府研究院教授。

辨明是非的案件，却时常在经过所有程序后丝毫不能实质性解决争议。分析此类案件，不难看出程序空转是部分行政争议难以实质性解决的重要原因，本案主要反映在两个方面：第一，回避实质判断的诉讼程序形式主义。该案经两次民事诉讼后，姚某得知假莫某在广西、浙江、山西、福建、安徽五省分获五份婚姻登记。即便婚姻登记机关当时履行了审慎监管义务，但在姚某提起行政诉讼时，法院和县民政局都已知晓姚某与假莫某的婚姻登记行为属无效行政行为。然而三级法院都以超过起诉期限为由驳回了姚某的撤销婚姻登记请求。原因是《行政诉讼法》第 46 条第 1 款规定，"公民、法人或者其他组织直接向法院提起诉讼的，应当自知道或者应当知道作出行政行为之日起六个月内提出"。法院考虑到该案涉及姚某的身份权而没有适用第 46 条第 1 款规定的 6 个月期限，而适用了第 46 条第 2 款，但仍以超过了法定 5 年的起诉期限驳回。然而，该案涉及无效行政行为起诉期限的特殊规定，2018 年 2 月 8 日实施的《最高人民法院关于适用〈中华人民共和国行政诉讼法〉的解释》第 94 条对此作出特别规定，公民、法人或者其他组织起诉请求撤销行政行为，法院经审查认为行政行为无效的，应当作出确认无效的判决。即明确了确认无效诉讼原则上不适用起诉期限，法院应当直接进入实体审理。同时，考虑到法的安定性，对无效行政行为受理时间也予以切割，在该解释第 162 条规定，"公民、法人或者其他组织对 2015 年 5 月 1 日之前作出的行政行为提起诉讼，请求确认行政行为无效的，人民法院不予立案"。根据 2018 年 9 月 10 日最高人民法院《对十三届全国人大一次会议第 2452 号建议的答复》的内容可知："法院审理行政案件遵循先程序后实体原则。先审查起诉是否符合法定条件，再进行合法性审查。在法院裁判之前，行政行为的效力实际上是待定的。行政相对人针对一个行政行为提起确认无效之诉，法院应当以确认无效之诉不受起诉期限限制为前提，直接进入实体审理，如果出现最终认定行政行为并非无效的情况，不再以超过起诉期限为由裁定驳回当事人的起诉，而应当判决驳回当事人的诉讼请求。"而姚某提起的是撤销之诉，法院在起诉审查时可以不进行实质性审查而以超过起诉期限为由裁定不予立案。第二，回避实质作为的行政程序形式主义。根据 2003 年 10 月 1 日实施的民政部《婚姻登记工作暂行规范》（已失效）第 46 条规定，"除受胁迫结婚之外，以任何理由请求登记婚姻无效或撤销婚姻的，婚姻登记机关不予受理"。因此姚某向民政部门申请撤销登记时未获受理。由于上述规定，即便姚某提起履职之诉也很难获得法院支持。2019 年 1 月 10 日浙江省民政厅发布《妥善处理因当事人以非真实身份进行结婚登记案件的指导意见》。该指导意见规定，针对"当事人以非真实身份办理结婚登记是指进行结婚登记的一方或双方当事人虚构身份、假冒他人身份导致不符合结婚登记实质要件而办理结婚登记，取得结婚证的行为"，婚姻登记机关可以自行撤销结婚登记。但必须符合下列两个条件：一是当事人及利害关系人以非真实身份办理结婚登记为由提起行政诉讼的；二是婚姻登记机关已收到法院出具的关于建议自行纠正结婚登记的函件。该案中，假莫某虽然也在浙江省与他人进行了结婚登记，但与姚某的婚姻关系解除或者登记撤销还需在福建进行。而且该指导意见仍然将行政机关自我纠错程序启动的关键放在诉讼结果和法院身上。相较于其他救济渠道而言，无论是从启动条件还是从运行成本来看，行政程序中行政机关的自我纠错是最经济、最便捷的方式。但这种行政程序自我纠错机制的启动仍然依赖于法院的裁判，行政机关没有自主启动的相应条件和机制。

三是检察机关介入行政程序的建议。针对"过期之诉"，最高检倡导基层检察院可以通过建立法检协作机制，对法院不作实体审理的事实争议，继续查明真相，予以调处。实践中，检察机关综合运用公开听证、检察建议、引导和解、司法救助、专家咨询、心理疏导等多种方式推进行政争议实质性化解。总体来说，这些实践虽然包含介入行政程序的成分，但仍以抗诉权和诉讼程序为重心，不利于检察机关介入行政程序功能的充分发挥。因此，亟须对检察机关介入行政程序促进行政争议化解的手段和路径进行专门的分析。除了检察听证、检察建议之外，还可以设计检察异议机制。由于检察听证和检察建议都没有直接的强制效力，未来应当积极探索构建检察异议这类具有强制力的行政程序介入机制。所谓检察机关介入行政程序并提出检察异议机制，是指在穷尽所有行政争议救济程序后仍无法实质性化解行政争议时，由检察机关向行政机关提起启动行政程序的检察异议申请，推动行政机关依职权重启行政程序以纠正原违法或者侵害相对人合法权益的行政行为。

王某等 54 人与山东省某镇政府
征收补偿安置行政裁判执行检察监督案

【关键词】

终结执行后立案恢复执行

【案例简介】

山东某市甲县某镇政府联合第三人东某村委会及案外人西某村委会共同制定了拆迁安置方案。镇政府、第三人东某村委会根据王某实际房屋情况，与王某签订了补偿安置协议。后因镇政府未能按期交付符合法律规定的房屋，王某向该市乙县法院提起行政诉讼，乙县法院判决镇政府、东某村民委员会继续履行协议，并支付安置费。镇政府不服提起上诉。市中级人民法院维持了一审判决。后镇政府向省高级人民法院申请再审被驳回。判决生效后王某领取了安置费，乙县法院在征得王某的代理人同意后，作出终结执行裁定。后镇政府仍未交付符合法律规定的房屋，又产生了新的临时安置费，王某认为判决确定的内容尚未执行完毕，遂向乙县法院申请恢复执行，法院未予受理。

2020 年 7 月 30 日，王某向乙县人民检察院申请监督。检察机关在审查该案时发现，乙县法院执行的其他拆迁户与镇政府房屋征收补偿安置纠纷等 53 件案件与王某申请监督案属同类情况，遂决定对其他 53 件案件依职权受理，并依法向法院发出了检察建议，建议法院及时对该 54 件案件进行受理并执行。乙县法院采纳检察建议，对王某等 54 人的申请合并立案执行。

检察机关加强与法院的沟通交流，持续关注跟进案件执行进度。后镇政府按照法律文书确定的义务向王某等人给付了 2020 年 12 月 26 日前的临时安置费，并办理了符合法律规定的住宅手续，案件全部履行完毕。2020 年 12 月 24 日，乙县法院作出执行裁定，予以结案。

【意义】

行政诉讼执行案件终结执行后，当事人以执行内容尚未履行完毕为由在申请执行时效期间内向人民法院申请执行，人民法院应当受理而未予受理的，人民检察院应当依法监督纠正；发现存在其他类案的，可以依职权监督，通过监督人民法院依法执行，保障当事人合法权益。本案中检察机关通过监督法院依法再次立案执行，有效保障被征收农民的居住权、财产权，推动化解社会矛盾，维护司法权威，服务社会稳定大局。

📝 **办案心得体会**

监督支持并重争议化为共赢

马　陵*

在办理王某等 54 人与山东省某镇政府征收补偿安置行政裁判执行检察监督案中我们收获了很多，现就以下四个方面谈一下心得体会：

一是要依法监督、精准监督。本案是裁判执行监督案，办案中，我们全面审阅了 54 起案件卷宗，依法开展了调查核实，多次与法官座谈沟通，立足案件实际，围绕县法院是否应当受理立案执行、对于 53 起类案是否应当依职权监督等方面进行研究。为此，我们成立了以分管副检察长为组长、3 名员额检察官和 3 名助理为成员的专案组，通过检答网搜索相关典型案例、司法解释等途径对本案进行反复研究。经审查，我们认为根据《行政诉讼法》第 101 条、最高法《关于适用〈民事诉讼法〉的解释》第 520 条的规定，因撤销申请而终结执行后，当事人在 2 年的申请执行时效期间内再次申请执行的，法院应当受理。2017 年 9 月县法院终结执行本案，2019 年 7 月王某等人申请恢复执行，并未超过执行时效期间。同时，我们认为，县法院作为本案审判和执行法院，受理并立案执行具有连续性和必要性，对于当事人的多次申请，县法院以当事人可在当地法院申请执行为由而不予受理，违反了相关规定，损害了当事人的合法权益。对于 53 起类案是否应当依职权监督的问题，我们研究认为，虽然本案中这 53 起案件的当事人没有申请检察监督，但不排除其今后申请监督的可能；更重要的是，该 53 起案件判决执行时间跨度大，涉及众多群众利益，已有上访苗头，属于有较大影响的案件，因此检察机关具有依职权监督的必要性。案件审查完成后，我们及时将案情和监督审查意见向上级院和本院检委会作了详细汇报得到了肯定和支持。

二是以法治共识实现"三个效果"的统一。2019 年高检院就提出了

---

*　马陵，山东省嘉祥县人民检察院第四检察部主任、一级检察官。

行政争议实质性化解专项活动，为落实高检院活动部署，推动争议化解，我们以双赢多赢共赢为目标，从本案受理申请到依职权启动监督，从审查调查到制发检察建议，从跟进检察建议落实到争议最终化解，都始终牢牢抓住沟通这一重要媒介抓手。一方面，我们通过座谈、电话等形式向法院沟通了解不予受理的原因。对于法院提出的当事人可在当地法院申请执行、执行难度大等理由，我们从法律依据、便于当事人诉讼、执行延续性、群众上访风险等关键点与法院进行沟通，最终达成了法治共识。另一方面，我们发挥"一手托两家"的作用，督促法院、镇政府从根本上解决问题，以交付符合法律规定的房屋为着力点，提出了争议化解的建议。最终本案王某等人领取了新产生的安置费，办理了住宅手续，案件圆满执结，实现了案结事了政和，也进一步推动了当地法治政府建设进程，达到了"三个效果"的统一。

三是注重经验积累，在执行类案件方面下功夫。从 2019 年行政检察业务全面推进以来，基层院主要把目光集中在行政非诉执行监督方面，在行政诉讼裁判执行监督方面关注度不够，这样的案子办理的少。人民群众一般作为行政诉讼发起的主体，法院的判决是否有效执行直接关乎群众切身利益，检察机关作为法律监督机关有责任有义务，根据《人民检察院行政诉讼监督规则》等相关规定履行对行政诉讼裁判执行的法律监督职责。本案是获评全国十大行政检察案件中唯一一件行政诉讼裁判执行监督案件。本案的成功办理也为我们在行政诉讼裁判执行监督方面积累了宝贵经验。下一步，我们将以"在办案中监督，在监督中办案"为工作理念，扩大案件线索来源渠道，充分挖掘行政诉讼裁判执行这一监督类型富矿，结合司法救助等形式，做实行政检察工作，切实推动实质性化解行政争议，回应群众诉求与期待。

四是基层院未来行政检察工作的几点思考。首先，因为行政诉讼案件本身的特点，基层院的监督重点只是执行监督，但这种监督在没有当事人申请监督的情况下，检察机关是否均可以依职权监督、主动介入仍待厘清。就本案来讲，我院是在当事人申请监督情况下，对于其他 53 件有重点影响的案件依职权监督，这种依职权监督有其监督的必要性和法律依据，不是盲目依职权受理。当前很多基层院为了完成业务数据，行政检察案件往往是依职权受理，因此我们认为检察机关依职权监督必须有其必要性。其次，监察体制改革后，检察机关如何能保障检察建议的刚性，这或许是一个老调重弹的问题。本案中，我们是以沟通为媒介与法院、政府达成了法治共识，保障了检察建议被采纳。如果法检不能有效达成法治共识，我们的发出的检察建议就不会被采纳。当然也可以借助人大和纪委监委的监督来保障检察建议的刚性，但这毕竟是外力，对于案件办理也有很大副作用。最后，在行政争议实质性化解方面，很多案件都运用了检察机关一体化办案机制，基层院依靠上级院或者党委政府的力量推动案件争议化解，但是这种案件不会多、不能多，也不是长久之计。

综上，我们认为，当前我们需要做的就是把我们的检察建议自身做成刚性。在全面依法治国的今天，做什么事必须要有法可依，检察建议本身要经得起推敲，做到依法监督、精准监督。要做实做细行政检察工作，就要保证发出去的每一份检察建议书都不出现一点瑕疵，包括错一个字、一个标点符号这样细小的错误，只有这样才能赢得他人的尊重，赢得法院、行政机关对检察机关的尊重，认真对待我们提出的每一份检察建议。

🔍 专家点评

充分履行检察监督职责
依法开展行政诉讼判决执行活动监督

罗智敏*

在山东某地政府征收补偿安置行政裁判执行检察监督案中，检察机关及时回应当事人诉求，对于行政诉讼执行内容尚未履行完毕，而人民法院不受理当事人执行申请的，依法履行监督职责，督促人民法院依法执行，有效保障被征收农民的居住权、财产权。具体而言，该案例具有以下三方面的积极意义：

一是明确行政检察可以对行政诉讼判决执行进行监督。目前，行政检察与刑事检察、民事检察、公益诉讼检察共同构成了"四大检察"的新格局，但对于行政检察的定义和监督范围尚缺乏明确法律规定。学术界有观点认为行政检察只是对行政诉讼的检察监督，而实务届则提出行政检察包括对于行政诉讼、行政诉讼裁判执行、非诉执行监督以及违法行政行为的监督。本案中，检察机关依照民事诉讼法、行政诉讼法以及最高人民检察院在2016年制定的《人民检察院行政诉讼监督规则》的相关规定，对行政诉讼判决依法开展监督，在确定行政检察监督范畴方面具有非常重要的典型意义。

二是在依职权监督方面起到示范性作用。本案中，虽仅有一户申请监督，但检察机关在监督过程中发现其他53户有类似情况，遂一并开展检察监督。而且检察机关充分贯彻"穿透式监督"的工作理念，既监督人民法院的执行，也监督行政机关对法院判决的履行情况，实现了政治效果与社会效果的统一。

三是充分体现了检察机关在国家治理体系和治理能力现代化过程中的

---

* 罗智敏，中国政法大学教授、博士生导师。

重要作用。检察机关作为国家的法律监督机关，在国家治理体系中也扮演着重要的角色，强化行政检察监督是国家治理体系的要求，也是提升国家治理水平的重要途径。实质性化解行政争议是目前行政检察监督的重要目标，要实现这一目标，必须加强与行政机关、司法机关的沟通协作。本案中，检察机关在与政府、司法机关充分沟通的基础上，通过检察建议使案件圆满解决，切实履行了监督与制约的职责。

此外，还有两个需要进一步探讨的问题。一是行政检察监督是否可以在行政诉讼判决执行监督方面更进一步，对于未执行或是未充分履行法院判决的行政机关进行监督；二是如何界定检察建议效力并将其与人民法院司法建议进行区分，从而确保其能切实发挥监督效力。

湖北省某市某家具公司拖欠农民工工资行政非诉执行检察监督案

【关键词】

行政非诉执行　农民工权益保护　行政争议化解　类案监督

【案例简介】

2019 年 10 月 28 日，湖北省某市某区人社局针对某家具公司拖欠农民工工资行为作出行政处理和行政处罚决定，责令继续支付工资、赔偿金并处罚款 5000 元，逾期不缴纳按日加处罚款。某家具公司收到处理及处罚决定后，在法定期限内未申请行政复议和提起行政诉讼，经催告后仍未履行。区人社局遂向区法院申请强制执行。2020 年 6 月 18 日，区人民法院认定某家具公司已办理注销登记，区人社局向无任何代理权限的柯某催告送达，催告程序不合法，裁定不准予执行。

2020 年 7 月 10 日，某市某区人民检察院在服务大局专项活动中发现上述线索，开展行政非诉执行监督。经调查核实认为法院裁定不准予强制执行并无不当，但区人社局存在对加处罚款未催告的违法行为。办案单位进一步查明柯某系某家具公司实际控制人，考虑到民事支持起诉周期较长，遂向柯某释法说理，促其合法经营。同时考虑因疫情导致资金周转困难，与公安机关达成不宜作为犯罪线索移送的共识。7 月 24 日组织召开听证会，涉案农民工接受柯某道歉，并与其签订和解协议领取拖欠工资。区人社局据此决定免除对柯某的加处罚款。

办案单位针对此案反映出行政机关催告程序及法院告知义务方面存在的问题发出检察建议，行政机关建立催告前核实机制，区法院改进了工作。同时，办案单位全面排查近 3 年辖区内行政非诉执行案件，发现违法线索 20 余件，提出类案监督检察建议，促使被监督单位内部整改，进一步促成多家行政机关与法院统一认识，规范行政处罚和加处罚催告程序。

【意义】

检察机关借力服务大局推进行政非诉执行监督、行政争议实质化解，综合运用调查核实、公开听证等多种手段，既促进依法行政，又监督法院改进工作，准确把握民行交织新常态，一揽子解决农民工欠薪的民事纠纷。对个案监督中发现的普遍性、倾向性问题深入开展类案监督，被监督单位高度重视、积极整改，发挥出"办一件、成一件、影响一片"的实效。针对本辖区行政处罚和加处罚款执行中的乱象，积极提出社会治理类检察建议，促进行政机关完善制度、依法行政。

📝 **办案心得体会**

做实小案"精办"大文章

吴申申[*]

在不平凡的 2020 年，湖北检察机关服务疫后社会经济重振，开展助力根治拖欠农民工工资问题专项活动，我院办理的这起案件便是在其中发现线索、启动监督。作为基层院，办好群众身边的小案，就是办好为民事、暖心事。为此，我们始终把握以人民为中心的办案理念，在办案中坚持监督与服务并重，以求极致的精神依法开展监督、推动争议化解、助力社会治理，一揽子解决欠薪纠纷，实现了双赢多赢共赢的效果。

一、把握司法精度，当好行政非诉执行监督的主力军

为发挥检察职能助力根治拖欠农民工工资问题，我们坚持能动监督、精准监督、系统监督理念，积极运用调查核实权，借力服务大局开展行政非诉执行监督，切实发挥"一手托两家"的职能作用。一是开展点对点的监督。经认真调查核实后，我们认为此案法院裁定并无不当，但存在查明涉案公司注销后未履行告知变更被执行人义务的问题，遂向区法院发出纠正违法检察建议。同时发现区人社局普遍存在加处罚款未催告和行政执法文书制作、送达不规范等违法行为，遂向区人资局发出纠正违法检察建议和社会治理检察建议。检察建议被采纳后，区法院和区人社局均改进了工作。二是推进点到线的监督。凭借敏锐的办案嗅觉，我们以加处罚款催告程序不合法为切入点，全面排查辖区近 3 年行政非诉执行案件，严格审查行政机关在申请法院强制执行前，是否以书面方式履行催告程序，发现违法线索 20 余件，制发检察建议 11 件，引起了相关行政机关的重视，引出了辖区行政机关长期以来加处罚款适用标准和执行流程不统一的问题，促使行政机关内部整改，促成多家行政机关与法院统一认识，规范行政处罚

＊ 吴申申，湖北省武汉市青山区人民检察院第四检察部主任、四级高级检察官、检委会委员。

和加处罚催告程序。三是深耕线到面的监督。充分发挥阅卷审查监督实效，对个案监督中发现的普遍性、倾向性问题深入开展类案监督，在查阅法院卷宗中进一步发现，部分行政裁定书对未催告、超出金钱给付金额的加处罚款，没有进行审查且作出裁定，导致加处罚款执行不一的问题，据此向法院发出类案监督检察建议 1 份，纠正了法院对遗漏裁定申请强制执行事项、裁执不一等问题。

二、关注司法温度，化解争议为权益保护注入暖色调

为做实行政检察工作，助力武汉复工复产和农民工权益保护，对本案行政争议未化解、农民工工资未支付到位的情况，立足"六稳""六保"大局，综合施策，打好监督、服务"组合拳"，彰显了行政检察的担当作为。一是优先解决农民工的烦"薪"事。面对法院裁定不准予执行、欠薪公司注销、法定代表人和股东失踪、农民工讨薪难的问题，准确把握权利救济原则，成立讨薪专案组，迅速调查核实债务实际承担人，查明柯某系公司实际控制人，日常管理和工资发放均由其负责，按照相关法律规定，公司未经清算即办理注销登记后，债权人主张公司的实际控制人对公司债权债务承担清偿责任，人民法院应依法予以支持。在及时锁定柯某为欠薪义务承受人后，为农民工讨薪找准了突破口。二是聚焦因疫情影响导致企业经营困难的欠"薪"事。办案中查明柯某因疫情导致资金周转困难，注销公司是为了减产止损，并无逃避债务主观故意，与恶意欠薪犯罪有本质区别，为防止刑事手段过度适用，帮助企业疏难解困，遂与公安机关达成不宜作为犯罪线索移送的共识，同时向柯某释法说理、促其合法经营。三是牵住行政争议实质性化解一揽子解决忧"薪"事。考虑到涉案 7 名农民工均在外地，民事支持起诉周期长，为避免增加当事人诉累，针对欠薪问题的复杂性，为有效办理民行交织新常态案件，积极开展行政争议实质性化解，运用听证搭建和解平台。1 名案外农民工闻讯而来，主动递交工资欠条，申请参与公开听证。经公开听证，8 名农民工现场接受柯某道歉，与其签订和解协议，领取了拖欠一年的工资。14 天的化解工作，我们以看得见的方式维护了农民工合法权益。区人社局也决定据此免除对柯某的加处罚款，有效化解了经营者的法律风险。农民工和经营者对检察院司法办案的人性化倍感温暖。

三、传递司法力度，做好优化法治环境的有心人

依法高效解决行政争议，本质上是通过司法和行政的良性互动，让人民群众在每一个司法活动和行政执法中感受到公平正义。办案中，我们牢固树立"人人都是环境、案案关涉环境"的意识，立足社会治理，积极发挥行政检察监督引导规则树立、政策形成和维护法秩序的效能，让执法司法既有温度又有力度。一是主动接受监督，让听证真正发挥作用。为使矛盾纠纷化解不留"后遗症"，受损社会关系得到修复，我们在公开听证现场，一方面引入社会评议，人大代表、人民监督员、律师等多元主体参与纠纷化解，检察机关现场普法并解读赠送《保障农民工工资支付条例》，最大限度让结案方式取得社会认同；另一方面激发行政机关解决争议的积极性，让处于僵持、冬眠状态的行政争议得到迅速化解，实现了办案"三个效果"的有机统一。看到农民工背着行囊带着希望来到听证会，拿回工资又背起行囊带着幸福奔赴新工作，我们更坚定了维护稳定、增进和谐的法治信心。二是坚持协同办案，形成讨薪维权法治合力。通过此案的办理，我们立足根治拖欠农民工工资专项活动，践行双赢多赢共赢办案理念，与区人社局、法院、公安分局达成欠薪线索移送、合力讨薪共识，营造了各司其职、协同办案的良好法治环境，督促区人社局向公安机关移送涉嫌拒不支付劳动报酬罪案件3件，公安机关已立案2件。办理欠薪监督案件12件，为农民工挽回经济损失29万元。三是推动前端治理，助力法治政府建设。结合监督办案，我们深入分析研判案件中反映出的司法执法问题，落实风险源头防范化解责任，积极回应多家行政机关的执法需求，通过办案和检察建议，在共建共治共享中提供法治"天气预报"，推动法院建立裁执部门办案联席机制，协助行政机关完善工作机制，建立催告核实机制和案件会审机制，引导制度规范，统一执法标准，切实发挥出"办一件、成一件、影响一片"的实效。

作为基层院，办好群众身边的"小案"，维护法治权威，让人民群众感受到公平正义，是我们的初心和使命。在做实行政检察的新征程上，我们有决心，有信心，把法治建设的蓝图和新时代检察工作的新要求付诸实践，用力、用心、用情、用智办好每一件小案，最大限度追求案结事了政和的最佳办案效果。

专家点评

发挥行政检察职能作用 为农民工工资支付
提供司法保障

张 莉*

评价典型案例有四个重要标准：第一，案件具有代表性；第二，案件具有合法性；第三，案件具有有效性；第四，案件具有可复制性。

下面我就从这四个方面对湖北省武汉市某家具公司拖欠农民工工资行政非诉执行检察监督案进行评析：

第一，案件的代表性。农民工欠薪问题是一个社会问题。从我们国家最近几年的立法动态能够看出国家对此问题的高度重视。2011 年的《刑法修正案（八）》增加"拒不支付劳动报酬罪"，民间称其为"恶意欠薪罪"。最高人民法院随后对外发布了《关于审理拒不支付劳动报酬刑事案件适用法律若干问题的解释》，进一步明确了相关刑事案件的法律适用标准。2020 年，国务院又专门出台了《保障农民工工资支付的条例》。本案的典型意义是其并未使用抗诉，而是提出检察建议，且检察建议既制发给行政机关，也给了法院。

第二，案件的合法性。本案确实暴露出一些执法问题，比如行政机关作出催告时程序违法，或者法院作出裁定时候遗漏事项，当然行政机关在申请非诉执行时也遗漏了加倍罚款事项等。但是，法院裁定本身并没有明显不公正或者明显不成立。本案真正践行了行政检察功能，大大拓展了行政检察作为的空间。因疫情原因，本案采用了行政执法和解，即行政机关放弃了加倍处罚。在疫情这一非常情势下，这种和解具有一定的合法性。

第三，案件的有效性。本案是检察机关通过柔性监督助力农民工工资支付保障的典型事例。欠薪问题是民事债权问题，当事人可能是弱势群

---

* 张莉，中国政法大学法治政府研究院教授。

体，分散在不同地方，不利于起诉。政府进行劳动监察，但其维护客观法律秩序的效果不佳。检察机关最后通过行政检察监督，采用调解、和解等手段尽可能达到农民工讨薪成功的效果。当然，检察机关还有"杀手锏"，可以作为刑事案件进行移送，毕竟涉案企业在明明知道欠薪情况下进行工商注销，存在主观恶意。

第四，案件的可复制性。典型案例一定是可复制、可推广的。本案的最大亮点在于真正实现了类案监督，检察机关对法院和行政机关同时提出了检察建议。在未来的制度建设过程中，本案的做法值得固定和细化。比如催告要有核实机制，裁执类案件可以召开联席会议等。如今检察院的职能已经不仅仅停留在刑事领域，通过抗诉案件、非诉执行检察案件，它已充分延伸至行政执法领域。本案中，检察机关充分发挥法律监督职能作用，推进行政非诉执行监督，综合运用行政、民事和刑事规范，统一加处罚款执行案件标准，实质化解民事、行政争议。

本人在中国政法大学法治政府研究院一直从事行政执法方面的研究，深知行政执法之中存在太多的问题。其中，信息不对称就是顽疾之一，这在本案中表现的十分明显：首先，工商部门同人力资源与社会保障部门缺乏沟通，在企业欠薪的情况下仍为其进行工商注销；其次，在企业存在恶意欠薪风险的情况下，公安机关同人力资源与社会保障部门缺乏沟通，暴露出行刑衔接上的不畅；最后，行政非诉执行环节，法院同各行政机关之间也表现出沟通不足。

大数据时代需要"善治"。这并非简单的行政层面的善治，而应当上升到国家治理高度。这就意味着检察机关可以立足于法律监督机关的定位，将几类职权串连、统筹起来。本案中，办案单位综合施策，打好监督、服务"组合拳"，既为企业疏难解困，促其合法经营，又关注民生，解决群众的烦心事，围绕助力疫后重振、复工复产全面开展工作，取得了双赢多赢共赢的良好效果。

2020年5月1号生效的《保障农民工工资支付条例》中提到，"保障农民工工资支付，坚持市场主体为第一责任人，政府要依法监管，社会要监督。"本人认为可以在此基础上增加"司法要提供有力保障"的表述。司法保障是公检法三家共同努力的结果，这个案例非常生动地揭示出司法保障的全部内容。这也是本案超越个案正义的制度构建价值所在。

李某与陕西省某市某县公安局公安行政管理及行政赔偿检察监督案

【关键词】

司法救助　公开听证

【案例简介】

1991年12月25日上午，某县公安局某派出所民警王某对有违法嫌疑的李某进行口头传唤。双方行进过程中，李某所骑自行车撞到王某所骑三轮摩托车上，并向王某逼近，王某在口头警告及鸣枪警告无果的情况下，开枪击伤李某左腿。1992年2月28日，某县公安局以殴打他人、拒绝执行公务为由对李某行政拘留。

2019年5月17日，李某将某县公安局起诉至某县人民法院，请求判令赔偿伤残金60万元。某县人民法院审理认为，李某提起行政诉讼已超过法定起诉期限，裁定驳回起诉。李某不服，向某市中级人民法院提出上诉。某中院二审裁定驳回上诉，维持原裁定。李某申请再审，陕西省高级人民法院裁定驳回其再审申请。后李某向某市人民检察院申请监督。

某市人民检察院经审查认为，申请人李某于1991年已经知晓行政行为内容，但2019年5月才提起行政诉讼，已经超过法定起诉期限，法院裁定并无不当。检察机关经调查核实查明，李某已离异，生育一子未成家，长期在外打工。因遭受枪击致肢体三级残疾，体力劳动受限，家庭生活较为困难，属建档立卡贫困户。

为促进行政争议实质性化解，某市人民检察院召开行政诉讼监督案件听证会，邀请人大代表、人民监督员担任听证员，李某所在村镇派员旁听听证会。听证会上，在检察官及听证员的释法说理下，李某当场表示愿意撤回监督申请，承诺息诉罢访，同时申请国家司法救助。2020年6月，检察机关向李某发放司法救助金5万元，李某撤回监督申请。

【意义】

本案中，法院裁定并无不当，但申请人李某因行政违法行为致三级残疾，家庭生活困难，且是建档立卡的贫困户。商洛市检察院积极推进司法救助助力脱贫攻坚，对符合条件的当事人给予司法救助，防止因案致贫，传递了司法温度，为这起跨度近30年的行政争议划上了句号。

📝 **办案心得体会**

司法救助化解陈年老案纾难解因体现检察担当

李成宝*

本案的办理历时 9 个月，期间全国疫情形势严峻，但我们严格履职，毫不懈怠，使本案争议得到了圆满化解。纵观整个办案过程，我有以下感悟：

第一，化解行政争议首先要查清案件事实。承办该案件后，我认真阅卷和调查核实，初步审查查明：1991 年 12 月 25 日上午，某县公安局某派出所民警王某对有违法嫌疑的李某进行口头传唤。双方行进过程中，李某所骑的自行车撞到王某所骑的三轮摩托车上，并向王某逼近，王某在口头警告及鸣枪警告无果的情况下，开枪击伤李某左腿。后某县公安局对李某收容审查，收容期间对李某的腿伤进行了治疗。1992 年 2 月 28 日，某县公安局根据 1986 年《治安管理处罚条例》第 19 条、第 22 条规定，以殴打他人、拒绝执行公务决定为由对李某行政拘留 30 日。2019 年 5 月 17日，李某将某县公安局诉至某县人民法院，请求确认公安民警持枪打伤自己的行为违法，判令赔偿一次性伤残金 60 万元。某县人民法院经审理认为，李某提起行政诉讼已超过法定起诉期限，裁定驳回起诉。李某不服，向商洛市中级人民法院提出上诉。商洛中院二审裁定驳回上诉，维持原裁定。李某向陕西省高级人民法院申请再审，陕西省高级人民法院裁定驳回再审申请。

根据法律规定，我确认：李某于 1991 年已知晓行政行为的内容，却在 2019 年才提起行政诉讼，确已超过法定起诉期限，法院裁定并无不当。但根据李某的申请监督理由，我审查发现本案存在以下问题：一是根据 1986 年《治安管理处罚条例》第 6 条规定，拘留的期限为 1 日以上 15 日以下，某县公安局对李某行政拘留 30 日不符合法律规定。二是根据 1980

---

* 李成宝，陕西省商洛市人民检察院第五检察部主任、四级高级检察官。

年 7 月 5 日公安部的《人民警察使用武器和警械的规定》，结合案发时双方行进方向、使用的交通工具综合判断，李某认为民警开枪行为违法的申请监督理由具有正当性。但 1995 年颁布实施的《国家赔偿法》不具有溯及力，李某要求某县公安局进行国家赔偿无法律依据。

第二，破解程序空转必须坚持司法为民理念。鉴于本案的特殊性，我犯了难。李某向检察机关申请监督是其所能诉诸的最后一道救济途径和法律程序，且其诉求确实具有正当性，如一味按照超过诉讼期限不支持监督申请，对李某确有不公。习近平总书记提出要"努力让人民群众在每一个司法案件中都感受到公平正义"，张军检察长强调，要以"办案就是办涉案百姓人生"的态度办理每一起案件。李某的案件对我们行政检察官来说仅仅是一起普通的案件，但对李某来说，是近 30 来年一直压在他心头的人生大事。如果我们不去打开他的心结，而是就案办案，一结了之，李某将要背着沉重的案件包袱继续走完后半生。2019 年 10 月，高检院部署开展了行政争议实质性化解专项活动，要求各级检察机关要在办案中注重争议化解，切实解决"程序空转"和人民群众的实际困难。我暗下决心，一定要争取化解本案争议，让李某甩掉案件包袱，在本案中感受到"公平正义"。

第三，化解行政争议必须找准突破口。负责第五检察部工作之前，我曾在控申部门从事过多年的司法救助工作，多年的工作习惯让我敏感地想到，若李某符合司法救助条件，这个案件也许可以通过司法救助来解决。有了思路，我立刻行动起来，开始了案外调查，希望从中找到有用的线索。据李某本人反映：他因遭受枪击而残疾，不能负重，所以不能从事重体力劳动。我意识到这可以作为一个突破点。我调阅了当地的贫困户档案资料发现：李某已离异，生育一子未成家，长期在外打工，属建档立卡低保贫困户，因遭受枪击致肢体三级残疾，体力劳动受限，家庭生活较为困难。通过与李某和村干部谈话了解到：1992 年李某被行政拘留 30 日，拘留执行结束后，李某曾先后 6 次向民警王某要求赔偿未果。此后李某长期到某县人大、商洛市公安局、省政府和省法院等机关信访，直至 2019 年 5 月 17 日提起诉讼，赔偿问题依旧未得到解决。了解到这些情况后，我认为案件的唯一出路是：通过司法救助化解争议，让李某息诉罢访。

第四，释法说理是化解行政争议的关键。争议化解突破口虽已找到，但李某是否同意接受救助息诉罢访是个问题。我决定对李某进行思想工作。起初李某坚决要求追究公安机关责任，并要求赔偿伤残金 60 万元。

我对其进行了详尽的释法说理，告知李某其起诉已超过起诉期限，监督申请无法得到支持，但因其是低保贫困户，可通过司法救助解决其部分经济困难，但数额并不能满足李某的 60 万诉求。李某对救助数额并不认可，后来我又多次耐心给李某做思想工作，李某感念我的办案态度和解决问题的诚心，初步同意司法救助。

第五，沟通协调是化解行政争议的重要保障。虽然李某同意司法救助，但救助资金的落实尚存在困难。商洛七县区属国家集中连片贫困地区，财政资金较为紧张，司法救助范围有限，一般仅限紧迫性案件。该案之前，商洛检察机关司法救助的案件均为刑事被害人，无行政和民事案件当事人。2020 年 4 月疫情肆虐，为不耽误案件进程，做好防护后我与政法委主管司法救助工作的同志在户外的街道上见面，说明了该案基本情况，表达了检察机关的救助意愿。对方答复曰财政紧张，2020 年的司法救助资金还未到位。我并未放弃，继续在李某和政法委主管司法救助部门沟通协调，期间李某多次催促动摇，我又多次进行安抚。后经多方努力，政法委同意救助，并最终将金额确定在 5 万元。救助资金的落实，为化解工作奠定了基础。

第六，公开听证是化解行政争议的有效途径。李某虽同意司法救助，但要求金额一直居高不下，如何让李某放弃 60 万的诉求，接受 5 万元的救助资金并息诉罢访，成了接下来的一大难题。多次耐心说服无果后，我提议召开公开听证会，让不同行业的人员了解案件，推动争议化解，李某表示同意，于是我院组织召开公开听证会。在听证员选择上，我们充分考虑化解工作需要，一名听证员是李某所在村委会的村医、县人大代表，一名听证员是市政协委员、律师，还有一名听证员是人民监督员、信访干部。另外，听证会还邀请了李某所在村镇的干部代表参加旁听。3 名听证员对案件评议后认为，本案只能通过司法救助化解。听证员们和镇村干部都参与对李某进行情绪疏导，建议其采纳我和听证员的意见。李某终于打开心结，当场表示愿意撤回监督申请，承诺息诉罢访。在 3 名听证员和村镇干部的见证下，我们向李某宣布并送达了国家司法救助决定，李某撤回监督申请。2020 年 9 月 18 日，我院向李某发放了 5 万元司法救助金，该案终于划上圆满的句号。

专家点评

充分运用司法救助　传递检察温暖

陈　猛*

在李某与山西省商洛市某县公安局公安行政管理及行政赔偿检察监督案中，检察机关贯彻以人民为中心的理念，运用公开听证的方式广泛听取各方意见，积极推进司法救助，助力脱贫攻坚，促进该案争议得到实质性化解。纵观本案的办理过程，充分体现了承办人作为一名检察官的担当与情怀，这种担当与情怀不仅仅是法律人独有的，它还属于各位行政法研究者，更贯穿于整个法治社会建设进程。

相较于其他九个案件，本案最"小"，时间跨度却最长。近30年前发生的违法行政行为导致的人身伤害，该案因为法律程序的设置造成行政相对人权利无法得到救济，双方矛盾、不安定的因素增加，如果不解决，可能会成为社会隐患。如果任其继续发展，还可能消耗更多的人力、物力和行政管理成本。本案采用公开听证的方式充分听取各方意见，借助社会各方力量办理案件，促进行政机关与当事人平等交流，释法说理效果明显，解开当事人的心结，是守住司法底线与有温度的司法关怀相结合的范例。本案承办人肩负担当、胸有情怀，坚持以实质性化解行政争议为目标，通过公开听证和司法救助的方式，多方沟通协调，深入释法说理，既避免了可能出现的行政机关"程序空转"，又解决了当事人的切身难题，这正体现了当代行政检察两个重要要求：一是实现行政争议实质性化解，二是善于运用听证的方式解决问题。

"穿透式"行政检察监督在本案中发挥了其独特的功能。所谓穿透，就要直指问题的根源，直指纠纷的实质性化解、社会治理模式的完善。因为行政诉讼在制度设计上尊重行政机关初判权的初衷，行政诉讼与行政检察监督程序最难绕过的就是程序空转，本案却直接在行政检察程序中直接

---

* 陈猛，北京市律师协会行政法与行政诉讼法专业委员会主任。

达到了实体正义与问题解决。在本案的审理中，从认定事实、适用法律的角度上看司法机关的判决并无错误，在这种情况下，检察机关能够穿透判决、直面纠纷的核心——行政相对人基本生活的保障，并且敢于担当，才使得各方当事人都能解开心结、解决问题。法律不是万能的，但是制度设计的完善是无止境的，行政检察监督制度在社会治理目标的指引下不断寻求突破。但是，行政检察在发挥其独特法律监督功能的同时，应充分尊重法律，保持法律适用的统一，在个案中达到形式正义与实质正义的统一，让制度的设计和运行在价值取向上实现国家本位、社会本位和个人本位的统一。

本案中，检察官的情怀与担当传递了司法的温暖，案件的实质性化解也消弭了潜在的不安定因素，让老百姓真正在个案中体会到了公平正义。近 30 年的矛盾的化解彰显了行政检察制度在完善社会治理方式、提升社会治理能力上的新时代的行政检察力量。

2020年度行政检察优秀案例

吴某与河北省某市人社局、省人社厅工伤认定及行政复议行政抗诉案

【关键词】

工伤认定　抗诉改判

【案例简介】

2012 年 7 月，吴某在河北某建筑工程公司（以下简称建筑公司）承建的某大楼工程拆除三楼模板时摔下受伤。吴某向某市人社局申请工伤认定，某市人社局以其与建筑公司没有劳动关系的有效证明为由，作出《工伤认定申请不予受理决定书》，吴某向河北省人社厅申请行政复议，河北省人社厅作出《行政复议决定书》，维持某市人社局的不予受理决定书。后吴某向某区人民法院提起行政诉讼，请求撤销某市人社局《工伤认定不予受理决定书》和省人社厅作出的《行政复议决定书》。2017 年 2 月，某区人民法院判决支持吴某的诉讼请求。某市人社局不服一审判决，提起上诉，某市中级人民法院撤销一审判决。吴某不服二审判决，向河北省高级人民法院申请再审。2018 年 6 月，河北省高级人民法院裁定驳回吴某的再审申请。

吴某不服，向某市人民检察院申请监督。检察院受理后，经审查认为某市中级人民法院的二审判决适用法律不当，提请河北省人民检察院抗诉。

河北省人民检察院经审查认为，《劳动和社会保障部关于确立劳动关系有关事项的通知》（劳社部发〔2005〕12 号）第 4 条、《人力资源和社会保障部关于执行〈工伤保险条例〉若干问题的意见》（人社部发〔2013〕34 号）第 7 条及最高人民法院《关于审理工伤保险行政案件若干问题的规定》（法释〔2014〕9 号）第 3 条第 1 款对《工伤保险条例》将劳动关系作为工伤认定前提的一般规定作出了补充，即当存在违法转包、分包的情形时，用工单位承担职工的工伤保险责任不以是否存在劳动关系为前提。建筑公司将某大楼工程中的部分工程发包给不具有相应资质条件的周某等人，吴某受周某聘用，在拆除模板时因工受伤，建筑公司依法应

当承担吴某的工伤保险责任。

2020 年 3 月，河北省人民检察院向河北省高级人民法院提出抗诉。河北省高级人民法院于 2020 年 11 月作出终审判决，撤销某市中级人民法院的行政判决，维持某区人民法院的行政判决。

【意义】

当用工单位存在违法转包、分包等情形时，不应以是否存在劳动关系为前提认定工伤。检察机关在办案中坚持"为民"宗旨，准确适用工伤认定的法律规定，促成法院依法改判，保障了当事人的合法权益，维护了司法公信力。

📝 **办案心得体会**

工伤认定并不是都以"存在劳动关系"为前提

高金川 *

在最高人民检察院第七检察厅与中国法学会行政法学研究会共同组织的评选活动中，河北省检察院办理的吴某与某市人力资源和社会保障局、河北省人力资源和社会保障厅工伤认定及行政复议申请监督案，被评为"2020 年度行政检察优秀案例"。我们认真回顾了办理该案的前后过程、所思所想，有以下几点心得体会：

第一，在工作中，必须树立"担当"意识。行政检察属于检察机关"四大检察"之一，在检察工作全局中占据重要的地位。但行政检察工作存在诸多弱项短板，要做好做实行政检察工作实属不易，必须有信心、有担当、有作为。自 2019 年检察机关行政检察机构分设以来，我们认真学习习近平总书记有关政法和检察工作的重要指示批示精神，认真学习高检院张军检察长有关做好行政检察工作的要求，充分认识行政检察工作的重要性和做好行政检察工作的重要意义，切实增强做好行政检察工作的信心和决心。我们以勇于担当的精神做好做实行政检察工作，办理了一些群众关心、社会关注的案件。我们办理的吴某与某市人力资源和社会保障局、河北省人力资源和社会保障厅工伤认定及行政复议申请监督案，得到高检院七厅、专家学者以及群众的肯定，充分展现了检察人员特别是行政检察人员新时代敢于担当、勇于监督的形象。该案在各媒体宣传报道后，引起热烈反响，收到了很好的政治效果、法律效果和社会效果。

第二，在办案中，必须坚持"以人民为中心"理念。做好做实行政检察工作，必须坚持以人民为中心，用心用情解决好人民群众的操心事、烦心事、揪心事，努力让人民群众在每一个案件中感受到公平正义。该案中，申请人吴某在某建筑工程公司承建的大楼工程拆除三楼模板时摔下，

---

* 高金川，河北省人民检察院三级高级检察官。

身受重伤，家里非常困难，而申请工伤认定未果，更是给吴某一家雪上加霜。省、市检察机关办案人员在办案中坚持"以人民为中心"的理念，认真倾听吴某及其家人的意见，充分考虑吴某的申请监督诉求，力求帮助吴某一家解决问题脱离困境。正是在"以人民为中心"办案理念的驱动下，办案人员认真、全面、细致地审查案件，发现行政机关、审判机关在本案适用法律上存在的问题，依法提出抗诉并终获改判。该案的成功办理，充分体现了检察机关和检察人员坚持"为民"宗旨，为人民群众办案，解决了老百姓的操心事、烦心事、揪心事，有力地维护了当事人的合法权益。在该案法院改判后，我们丝毫没有"抗诉改判了工作就完成了"的想法，继续做好该案后续工作，提醒申请人吴某及时向人社部门重新提出工伤认定申请，不久前人社部门已经受理。下一步，我们将以"办好案、办成事"为出发点，继续持续关注案件进展情况并做好相关工作。

第三，在办案中，必须强化"纠偏"意识。行政检察工作"一手托两家"，通过行政诉讼监督，纠正司法和执法中存在的问题，既促进审判机关公正司法，又促进行政机关公正执法，把行政监督案件办好，就能实现多赢共赢的效果。实践中，个别行政机关和审判机关有时存在机械执法和机械司法的情况。在这种情况下，检察人员就要勇于监督，善于监督，切实树立"纠偏"意识，坚决纠正行政机关和审判机关办案中存在的一些偏差。本案中，省、市人力资源和社会保障部门均以吴某与某建筑工程有限公司之间不存在劳动关系为由，决定对其工伤认定申请不予受理，市中级法院也以相同理由驳回了吴某的诉讼请求。我们认真审查案件材料，查阅了工伤认定相关法律规定，发现人社部门和终审法院都简单的认为认定工伤需以"存在劳动关系"为前提，但没有充分考虑到认定工伤的例外情形，即通常情况下，社会保险行政部门认定职工工伤应以职工与用人单位之间存在劳动关系为前提，但当存在违法转包、分包的情形时，用工单位承担职工的工伤保险责任不以是否存在劳动关系为前提。我们结合本案，认为某建筑工程公司将承建的大楼工程的部分工程发包给不具有相应资质条件的周某等人，吴某受周某临时聘用在拆除模板时受伤，某建筑工程公司应当承担吴某的工伤保险责任。因此，终审法院判决确属适用法律错误。我们依法向省高级法院提出抗诉后，省高级法院再审完全采纳了我们的抗诉意见。该案得以成功"纠偏"，有力促进了审判机关公正司法和行政机关公正执法，对于今后办理类似工伤认定案件也有重要的指导作用。

第四，在办案中，必须践行"精准监督"原则。对行政诉讼案件进行监督，必须要做到"精准"，才能收到好的政治效果、法律效果和社会效果。我们在办理该案中，坚持践行"精准"理念，力求做到精准监督，为此做了大量具体细致的工作。从听取双方当事人的意见，到全面审查法院卷宗，再到查阅各种有关法律规定，检察人员都高度负责、认真细致、力求精准。特别是在起草行政抗诉书时，我们在查清事实的基础上，紧紧围绕"终审法院驳回吴某的诉讼请求属于适用法律错误"阐述抗诉理由。为防止出现疏漏和错误，我们反复推敲，反复修改，努力做到有理有据有力，抗诉理由准确，事实认定清楚，法律适用正确。正是由于我们做到了"精准"，省高级法院再审此案时全部采纳了检察机关抗诉理由。该案的成功办理，应该是检察机关践行精准监督理念的重要成果。

许某与辽宁省某市人力资源和社会保障局行政确认行政抗诉案

【关键词】

退休年龄认定　以抗促和

【案例简介】

1980 年 10 月，许某被某农场录用。据《国营农场职工登记表》记载，许某的出生日期为"一九五六年六月"。2016 年，在其申请退休时，辽宁省某市人社局认为该登记表中的出生日期有改动痕迹，"一九五六"中的"六"系由"八"涂改而成，未予批准其退休。许某向区人民法院提起行政诉讼，法院 2017 年 7 月判决维持市人社局的认定，驳回许某诉讼请求。许某上诉，市中级人民法院 2017 年 9 月维持原判。许某申请再审，辽宁省高级人民法院于 2019 年 1 月裁定指令市中级人民法院再审。市中级人民法院于 2019 年 11 月维持原二审判决。许某申请检察监督，市人民检察院提请辽宁省人民检察院抗诉。

辽宁省人民检察院认为，最早记载许某出生日期的材料为许某入党材料，该材料记录其出生日期为 1956 年 6 月。根据劳社部〔1999〕8 号文件第 2 条"对职工出生时间的认定，实行居民身份证与职工档案相结合的办法。当本人身份证与档案记载的出生时间不一致时，以本人档案最先记载的出生时间为准"的规定，许某入党材料的出生日期应作为市人社局认定其退休年龄的依据。另经调查核实，许某的身份证、户口本以及原始档案中《国营农场职工子女就业登记表》《失业职工登记表》《解除劳动关系登记表》《并轨企业职工登记表》和《失业保险金申领表》等记载许某的出生日期均为 1956 年 6 月。公开听证时，市人社局对调查核实的证据和认定退休年龄的相关规定均予以认可。检察机关根据实际情况促进该案化解，双方当事人打消顾虑，达成和解协议。2020 年 7 月 17 日，许某提交撤诉申请，市人社局重新审批核定许某出生日期为 1956 年 6 月。2020 年 12 月，人社部门将许某多缴纳的养老保险 12600 元退回，补发两年养老金 58690 元。

【意义】

本案检察机关经调查核实，厘清了"退休年龄认定"这一争议焦点；又从维护当事人实体权益考虑，评估抗诉必要性，避免程序空转，提出可行的化解方案，促成双方和解。

📝 **办案心得体会**

用法理维护正义　用情杯聆听民声

国小丹*

这是一件市院提请抗诉的案件，1980年10月，许某被某农场录用。据《国营农场职工登记表》记载，许某的出生日期为"一九五六年六月"。2016年，在其申请退休时，辽宁省某市人社局认为该登记表中的出生日期有改动痕迹，"一九五六"中的"六"系由"八"涂改而成，未予批准其退休。许某提起行政诉讼，法院判决维持市人社局的认定，驳回许某诉讼请求。许某向检察机关申请监督。该案提请省院抗诉后，省院开展实质性化解行政争议工作，以抗促调，许某撤回监督申请；行政机关重新做出行政行为，审批核定许某2016年退休。3个月后，许某得到养老保险金7万余元。

许某案的成功化解，让人民群众以看得见的方式，感受行政检察工作的新气象新作为，也为今后的办案工作积累了点滴经验。

一、树立化解争议的意识，每案必查，降低案件比

人民检察院办理行政检察案件，应当增强实质性化解行政争议的意识，全面审查裁判结果、审判活动、执行活动以及被诉行政行为是否合法合理，每案评估是否存在行政争议化解可能。

对于百姓而言，申请行政检察监督只是手段，解决实际问题才是根本。相比法院或者行政机关是否违法，他们更关心其根本诉求能不能得到满足。所以，在审查案件时，符合化解条件的应优先进行化解。

始终秉持群众利益无小事，保障弱势群体的利益的执法理念，本案涉及劳动者争议，为了保护弱势群体的合法权益，检察机关对此类案件应作为争议化解的重点案件，不因案件性质简单、无大额诉讼标的而掉以轻

---

* 国小丹，辽宁省人民检察院第七检察部副主任、三级高级检察官。

心。案件的处理决定看似简单，但可能会影响人的一生，甚至挽救一个家庭。办理百姓身边的一个案件，就是在人民群众心中厚植一份党的执政根基。

二、运用公开听证，吃透案情，不打无准备之仗

检察机关在行政诉讼监督过程中举行听证，有利于提升监督的精准性；有利于保障当事人的知情权、参与权、监督权；有利于加强释法说理，发扬司法民主。为了严把案件质量关，查明案件事实，明确法律适用，经当事人双方同意，启动公开听证程序。本案中，检察机关通过举行听证，保持客观公正立场，充分听取了双方当事人及列席代表的陈述和意见，核实了新证据的真实性、合法性，了解到了行政机关认定出生日期的依据，并将申请人的要求"摆上台面"，引导双方充分阐述自己的观点，使当事人感受到了公平公正。

为了充分发挥监督职能，在收到申请人提交的文件材料后，进行初查，认为本案生效判决确实可能存在监督情形的，调阅全部卷宗，仔细核证，对案件进行全面审查，整理出案件争议焦点，为后续工作的开展奠定基础。检察机关调取了大量证据，在翻阅许某档案的同时，还查找了大量的干部职工退休的政策文件。只有全面了解案情，充分调取证据，才能在办案中主动监督、精准监督。

三、多方沟通，了解双方诉求，为促成和解打实基础

严格贯彻落实最高检关于申诉案件"事事有回复、件件有回音"的办案要求。检察机关在办理案件时，注重与当事人的沟通，第一时间与当事人联系，倾听双方意见，了解行政相对人的诉求及申诉理由和证据情况；了解具体行政行为作出的整个过程及依据。对不合理诉求和主张予以开导疏解。同时，围绕争议焦点，平衡各方利益，这些工作的开展，为后续开展行政争议实质性化解工作及进一步促成双方当事人和解奠定基础。

四、评估抗诉必要性，根据案件实际情况科学地做出决定

经检察机关审查，认为本案中许某的出生年份是焦点问题。根据案件的事实和证据情况，该案可以抗诉，而且胜诉的把握很大，但抗诉后直到执行到位，要历时很久，而且会浪费大量诉讼资源。从当事人的实体权益

出发，评估抗诉必要性，检察机关认为该案运用实质性化解行政争议，不仅可以避免行政机关的公信力受损和司法程序空转，还能尽早实现申请人的实体权益。

五、充分发挥检察一体化办案优势，上下联动，促成案件达成和解

上下级常沟通、勤联系，是避免走弯路、全面了解案情的有效方式。案件提请省院抗诉后，省院高度重视，克服疫情期间办案的诸多困难，省院具体指导案件中存在的问题，市级院发挥更容易掌握第一手资料的属地优势，充分运用上下两级院联动机制，促使双方当事人达成了和解。

六、运用释法说理、以抗促调等化解手段，实质性化解行政争议

办理这个案件过程中，许某一直坚持自己的主张，不愿意和解，认为只有检察机关抗诉法院改判才能实现权益，其他方式都不稳妥；行政机关态度也比较坚决，认为该案法院判决已生效，不能重新做出行政行为。检察机关针对实际情况提出了合理的化解方案，释法说理，如果和解申请人可以避免漫长的诉讼过程，能尽快实现实体权益；对于行政机关而言，检察机关如果抗诉，法院判决其重新做出行政行为，浪费诉讼资源不说，行政机关的公信力必将影响。讲明和解的意义后，双方当事人打消了顾虑，同意检察机关的化解方案。

七、持续关注，督促落实，真正做到案结事了政和

行政监督案件程序空转现象严重，有时即便法院确认了行政机关违法，但是补偿问题也迟迟不能解决。为真正解决申请人反映的实际问题，避免行政机关拖延，检察机关在案件结束后，一直对行政机关跟踪监督，促使行政机关及时兑现和解意见。不到3个月，申请人就拿到了养老保险金，认为行政机关能正视问题，重新做出行政行为，依法行政；真心赞颂检察机关执法为民，真正实现了双赢多赢共赢，做到了案结事了政和。

李某等 3 人与吉林省某市房屋征收经办中心和城市管理执法局强制拆迁检察监督案

【关键词】

强制拆迁　公开听证　民营经济　行政争议实质性化解

【案情简介】

2014 年 5 月 29 日，李某等 3 人经营的某机械厂厂房因属违法建筑，被某市房屋征收经办中心和城市管理执法局强制拆迁。某市人民政府未作出强制执行决定，执行时也未告知当事人依法享有的权利义务，厂房内被切割拆除的机械设备也未予返还。此后，李某等 3 人一直通过信访途径主张权利。2018 年 10 月 16 日，李某等 3 人向该市某区法院提起行政诉讼，请求法院判决该市房屋征收经办中心和城市管理执法局赔偿其机械设备及停产停业损失共计 303 万元。法院以超过起诉期限为由，裁定不予立案。李某等 3 人不服一审裁定，上诉、申请再审，均被驳回。后申请某市人民检察院监督。

某市人民检察院经调查核实查明法院裁定不予立案并无不当，依法作出不支持监督决定。同时查明，拆迁部门在未与被拆迁人达成补偿协议的情况下强制拆除案涉房屋，确实违反法律规定，虽强拆后拆迁部门进行了补偿，但申请人因设备被切割拆除运走，无法进行经营，一直上访、诉讼，其主要诉求是返还设备；而拍得案涉违法建筑所在地块的房地产开发企业也被申请人的上访问题困扰多年；帮助存放设备的企业则花费了大量人力物力来看护设备。为增加案件审查透明度，检察机关采取听证会的方式，推动化解争议。检察机关多次对申请人释法说理，讲解法院裁判的合法性；与政府沟通协调，指出拆迁行为存在的问题，促成双方和解。2020 年 3 月 25 日，申请人在检察机关见证下与行政机关签订和解协议，取回被拆除的机械设备。持续近 6 年的行政争议得到了实质性化解。

【意义】

本案检察机关在调查核实的基础上，对超过起诉期限、当事人诉求无法进入法院实体审理的行政诉讼案件，通过采取公开听证、释法说理等方式，实质性推动行政争议的化解工作，切实维护了小微民营企业的合法权益，同时为其他民营企业排除困扰，使企业能够集中精力进行开发建设和投资经营。

📝 办案心得体会

坚持司法为民　扛起"检察担当"

孙宏剑 *

鼠年岁末，立春之时。高检院传来消息，李某等 3 人与某市房屋征收经办中心、城市管理执法局强制性拆迁补偿决定纠纷案被评为优秀典型案例。消息传来，经办此案时的夙夜难眠，查证事实时的细碎繁难，与争议化解后的由衷欣慰，当事人打开心结时的感动一并涌上心头。在这个案件中，我深深体会到行政检察工作者在坚持司法为民的实践中应该扛起的检察担当，体会到"努力让人民群众在每一个司法案件中感受到公平正义"的检察力量。

2019 年 9 月 20 日，白城市人民检察院收到李某等 3 人的监督申请。我接到案件后，第一时间了解了基本案情。2014 年 5 月，李某等 3 人经营的机械厂厂房被吉林省白城市相关行政单位强制拆迁，并扣押了机械设备。李某等人在 2018 年 10 月向法院提起行政诉讼，要求相关单位赔偿其机械设备及停产停业损失。一审法院认为该案超过法定起诉期限裁定不予立案后，李某等人提出上诉、申请再审，均被法院裁定驳回。

基本案情明了后，我带领干警进行了大量核实工作，明确了案件的争议焦点：李某等经营的民营企业被强拆后，异地存放的机械设备长期未取回，造成企业长期停产，同时机械设备存放在另一个民营纺织厂院内，多年来花费大量人力物力看护，增加了企业负担，而李某等人长期上访，也给相关行政机关带来了不少的困扰。案件起诉到法院后因超过法定起诉期限被裁定不予立案，虽然经过了一审、二审、再审，但申请人的诉求始终没有进入法院实体审理，属于比较典型的"程序空转"案件，对这类案件，如果按照常规的审查方式，简单就法院裁定不立案正确与否进行审查，就无法有效化解矛盾，容易引发社会稳定风险。为此，我们按照习近平总书记

---

* 孙宏剑，吉林省白城市人民检察院副检察长、四级高级检察官。

"一切以人民为中心"的指示精神,秉持不但要打通为人民服务最后一公里,还要延伸一公里的司法为民理念,决定进行公开听证。

围绕公开听证我们做了充分的准备。一是进行了大量的基础性的调查核实工作,调取了一审、二审法院卷宗和执法单位强制拆迁时的书面资料,向申请人及其代理律师了解真实需求,寻找化解争议的突破口。二是有针对性邀请听证员。结合本案理论性和实务性均较强的实际,经研究决定邀请了法学教授等具有法律专业背景的人员组成听证员团队。三是细化公开听证会程序。通知双方当事人围绕争议焦点,做好举证、质证等相关准备。

听证会上,在申请人及其代理律师发表意见时我们做到不厌烦、不打断,让申请人有机会将多年来憋在心里的话得到倾吐。在整个听证过程中我们始终保持客观公正立场,没有发表任何带有倾向性的意见,引导当事人充分阐述观点、听证员详实分析争议焦点,发表意见,保障了听证员独立于检察官之外的中立地位。还发现了在法院诉讼阶段没有出现、当事人在检察机关调查核实过程中也没有提供的新证据,即双方签订的补偿协议。

听证会后,我多方了解申请人的家庭经济状况、身体状况、宗教信仰等情况后,多次与李某的母亲王某沟通,倾听其心声,晓之以理,动之以情多角度帮助分析上访的利弊,让王某多年积压在心里的委屈得到倾诉。同时释法析理,为其讲解签订补偿协议的法律效力,在多次长达数小时推心置腹的沟通后,王某被我的诚意和认真负责的态度所感动,感觉到是真正站在她的角度考虑问题,其思想终于松动,决定放弃上访,接受了自行取回机械设备的和解建议,并于2020年3月25日在检察机关见证下签订和解协议。

本案通过公开听证,让当事人说话,让专家评判,促使双方当事人达成了和解协议,解决了涉案民营企业的实际困难。不仅实现了程序上的案结、实体上的事了,更重要的是实现了效果上的政通人和,促进了行政争议的实质性化解,体现出检察监督促进社会治理的效能,实现了多方共赢。

当和解协议签订后,我们都长长舒了口气。习近平总书记说"法安天下,德润民心""坚持以人民为中心,是全面推进依法治国的力量源泉"。回顾整个案件办理过程,我有三个方面的深切体会。

一是以"办案就要倾听老百姓的心声"的态度，以"一张笑脸化解冰霜，一杯热水温暖民心"的温情，践行司法为民的理念，让老百姓感受到检察的温度，才能实现行政争议的实质性化解。五年时间里，王某四处走访想要回机器设备，解开其子李某的心结，却求告无门。检察机关通过多方沟通，最终让三方当事人坐到一起签订了和解协议。露天存放的机械设备运走了，李某的心结也打开了，王某虽然没有得到预期的经济补偿，但她也为儿子高兴。行政检察监督工作作为行政诉讼救济的最后一道防线，我们既要依法履职，严格维护法律尊严，又要为民排忧解困，让老百姓感受到检察的温情，使检察环节成为案结事了的"终点站"。

二是检察机关为民营企业排忧解难，助推企业生产，有利于帮助政府优化营商环境。民营企业的发展状况直接影响着一座城市的经济发展水平，而营商环境则是影响民营企业落户扎根的重要因素。本案被拆迁的企业是当地经营多年的民营企业，经营过程中遇到了旧城区改造，导致违建厂房被拆，机械设备被运走，企业无法继续经营，视这个机械厂为命脉的李某一家因无法得到合意的解决方案而持续上访多年，市政府多次召集包括开发商在内的各方协商，都无法让李某一家息诉罢访。而开发商是通过招商引资落户到白城市的民营企业，已被这起强迁过程中遗留的上访案件困扰多年。强迁过程中机械设备存放在另一民营纺织厂院内，多年来该纺织厂也不堪其扰，花费大量人力物力看护这些设备。我们最终帮助各方当事人达成和解，一方面为当地小微民营企业解决了强迁过程中遇到的问题，使其看到恢复生产的希望；另一方面帮助开发商解决了开发过程中的信访困扰，能够安心搞开发建设和投资经营，同时也帮助民营纺织厂排除了影响其正常生产的社会因素。充分体现了检察权为民营企业和社会经济发展保驾护航的作用。

三是检察机关充分发挥司法的能动作用，实质性推动行政争议的化解工作，能够达到法律效果、社会效果、政治效果的三效合一。本案中，李某一家的情况在棚户区改造、房屋拆迁过程中极具代表性，多年的上访始终未得到其想要的处理结果，矛盾不断激化，息诉罢访难度非常大，此类案件已经成为旧城区改造过程中留下的重大社会隐患。此案的圆满解决，既很好的化解了个案纠纷，平衡了各方利益，真正实现了行政争议实质性化解的目标，同时也为日后处理类似问题起到了借鉴作用，展现出检察机关在参与国家治理体系和治理能力现代化中的"检察担当"。

张某与上海市某交通警察支队行政处罚、某区公安分局行政复议行政抗诉案

【关键词】

交通处罚　优势证据证明标准

【案例简介】

2017年4月24日，执法交警将正沿天山路自西向东行驶在最外侧道路的张某拦下，认定其违反规定使用公交专用车道，并作出处罚决定。张某不服，向某区公安分局申请复议，后者作出维持决定。张某遂向人民法院提出行政诉讼，一审、二审法院均予以维持。张某向上海市人民检察院第三分院申请监督。经审查后，上海市人民检察院第三分院提请上海市人民检察院抗诉。

上海市人民检察院经审查认为：本案是适用简易程序的交通处罚类案件，虽然证明力应当采用优势证据的证明标准，但证据链包含案件的要件事实和基础事实，形成一个完整的事实链条。前者包含的要素有：行驶车辆违反交通规则的客观状态。后者包含的要素有：交警在什么时间、什么位置、什么朝向，看到什么人、驾驶什么车辆、何种行车轨迹，怎么作出处理，是否接受处罚，作出什么辩解等要素。上述要素体现了交警依法对行政相对人处以行政处罚决定的专业性，这是司法机关维护执法权威的先决条件。本案中，交警部门用于证明案件事实的证据只有执法人员出庭陈述以及该执法民警在复议延长审查期间出具的情况说明。这两份证据均形成于案发3个月以后，客观性较弱，主观性较强，且对基础事实的描述存在多处矛盾。根据道路实际情况来看，不同描述会影响对本案的定性。法院在当事人予以否认的情况下，未能要求交警部门予以合理说明或补充证据材料，故行政机关未能完成举证责任，应当承担败诉的不利后果。上海市人民检察院于2020年7月31日向上海市高级人民法院提出抗诉。上海高院采纳抗诉意见，依法撤销原审判决、复议决定以及行政处罚决定。

【意义】

对于交通行政处罚类案件，在欠缺执法记录仪以及监控视频的客观证

据，只有交警证言与被处罚人陈述的情况下，应当坚持优势证据证明标准。行政机关应当提供更符合客观性标准的证据材料，予以合理说明或补强。本案有助于进一步明确行政机关在举证过程中就证据进行合理说明的程序规则以及诉讼后果，有助于引导执法人员在执法过程中以更加专业规范的"手势"进行执法取证。

📝 **办案心得体会**

由一起交通行政处罚案件探行政检察抗诉必要性

何艳敏　李瑞青*

交通违法可以说是全社会最熟悉的一类行政处罚情形。根据互联网上查询到的数据，2020年全国交通罚款总额高达3000亿，每车罚款近1200元。张某与上海某交通警察支队行政处罚、上海某公安分局行政复议纠纷抗诉案，就是这么一起及其平常的行政处罚案件。这么常见的行政处罚案件，申请人张某经历了行政处罚、行政复议、一审判决、二审判决、再审裁定所有行政及诉讼救济程序后，向上海市人民检察院第三分院申请（以下简称上海市检三分院）监督，上海市检三分院提请上海市人民检察院（以下简称上海市院）抗诉。上海市院最终提出抗诉，抗诉意见被上海市高级人民法院（以下简称上海高院）全部采纳，并作出了"一判四撤"结果。案件抗诉成功后，"今日头条""上观新闻""行政执法案例研究"等公众号均予以转发。上海观察首席记者主动进行采编，相关报道在网络社区引发各类群体的热议，并为检察机关点赞，并被评选为2020年全国行政检察优秀案例。

在办理过程中，检察机关内部亦伴随着不同疑问和认识。主要围绕着是否有必要为100元行政罚款提出抗诉？时过境迁检察机关调查核实有哪些内容？简易处罚案件证据规则是什么？交警部门无法提供执法记录仪是否未完成举证责任？等等。事后再来总结本案的办理过程，其实亦是来回答这些问题，具体有如：

一、是否有必要为100元行政罚款提出抗诉

本案是一起简易程序类案件，罚金是100元。已经经历行政复议、法

---

* 何艳敏，上海市人民检察院检委会委员、第七检察部主任、三级高级检察官；李瑞青，上海市人民检察院第七检察部检察官助理。

院一审简易程序、转普通审以及二审、申请再审等多个程序。办理本案不可避免要考量司法成本与法治价值的平衡。就申请人而言，他明确指出，坚持申诉，绝不是为了这 100 元处罚，而是想讨要一个说法，他始终不理解"为什么只有交警陈述，法院就能维持行政处罚"，坚持要求检察院、法院给个说法。因此，无论作出何种结论，均有必要把本案蕴含的法理释明清楚。对本案依法审查是让申请人息诉服判的最佳方式。

检察官在与与原审法官沟通中，原审法官认为：这类案件要充分尊重交警执法人员的专业性，执法民警已经出庭陈述，且申请人亦未提供证据证明其未违法或交警存在徇私枉法等情形，故完全采信交警的陈述，驳回申请人的诉讼请求。除非行政相对人能够提供证据进行抗辩。他需要证明执法人员履职不当，如执法人员徇私枉法等，或者行政相对人具有违法的豁免事由。仅有"一对一"证言类的交警处罚类案件并非个例。法院亦通过同类型案件的审判，形成了一套成体系的审判规则，并编写了可供审判指导的优秀案例。本案看似是对申请人 100 元罚款进行救济，实际上是考量检察机关在司法层面评判修正法院审判口径的必要性。

此外，在检察机关与交警部门沟通过程中，交警部门认为本案暴露的问题主要原因是执法民警欠缺出庭应诉经验。在本案审查过程中，我们发现复议维持行政处罚所依据的事实与法院生效判决认定的事实相互矛盾。因此，我们认为有必要透过本案交警的执法行为定性分析现行执法规则可能存在的漏洞。

显然，本案已经不是仅仅 100 元行政罚款的小案件，检察机关对其监督评价意见包含着对行政相对人权利救济，化解其争议；包含着"一对一"证言类交警行政处罚案件证据规则的认定；更包含着为进一步规范对市域内交警行政处罚执法提供检察方案。

二、时过境迁检察机关调查核实有哪些内容

申请人不服原审法院认定的事实是本案的审查重点。可时过境迁本案还有查明事实的必要嘛？回答是肯定的，但检察机关查明本案事实显然不可能是寻找证人或调取证据进行重新调查。对本案的调查核实主要是分三步进行：第一步，全面提取本案所有阶段的证据。主要有：法院用于定案的证据，如执法人员出庭陈述、庭审笔录；用于复议的证据，如案发道路示意图、民警情况说明；原始证据，如交通处罚决定书，按照证据的形成时间进行重新整理归类。由此,可以发现交警的陈述具有多个版本,并非始终一致。第二步,以完整要素进行比对。交警专业的执法体现在证据链能形成一个完整的事实链条。它完备的要素有:交警在什么时间、什么位置、什么朝向,看到什么人、驾驶什么车辆、何种行车轨迹、驶车辆违反交通规则的客观状态、怎么作出处理,是否接受处罚,作出什么辩解。由此,可以发现交警的陈述并不严谨规范。第三步,实地察看案发现场,分析执法人员不同陈述对案件定性的影响。交警部门曾在复议阶段还提供了一份由执法人员临时所出具的情况说明。这份原本应与执法人员出庭陈述内容相一致的书面证言,两者却有较大差异。前者是称:看到申请人变道进入公交车道。此时,执法人员在移动巡查中。后者是:看到申请人一直在公交车道行使。此时,执法人员站在公交车道的"让"字之前。从现场道路实际情况来看,按照后者陈述,申请人肯定违反的交通规则,必须接受交通处罚。按照前者陈述,申请人有可能没有违反交通规则。从路线设置来分析,如果交警是站在公交车道的"让"字之后,他的视线会误以为申请人压线变道。

检察人员调阅行政处罚相关材料,去了行政处罚现场,模拟了当时处罚现场情形,通过进一步调查核实,在原审法院查明的基础上,更全面发现案件事实的盲点,这为下一步法律的准确适用打下基础。

三、简易处罚案件证据规则是什么

本案在办理过程中,有三种意见:第一是本案生效判决认定事实清楚,法律适用准确。理由是本案执法民警已经出庭作证且对违法过程予以说明。行政相对人亦未能提供反证。第二是本案生效判决认定事实有误,法律适用不当。本案没有提供监控视频以及执法记录仪,无法达到证据确实充分的标准。第三是本案执法民警多次陈述均不一致,在没有其他证据予以印证的情况下,行政机关未完成举证责任,本案属于事实不清,应当撤销系争行政处罚决定。

结合申请人的监督理由以及原审的庭审争点,对于这个问题,需要从如下两个维度展开:

第一是关于本案的证明标准问题。一般来说,证明标准具有三个程度。最高是排除合理怀疑,其次是高度盖然性,最次是优势证据。本案之所以引发诉讼,这与本案的各类证据无法相互佐证有关。如果本案所要求的证明标准太高，那么本案的在案证据显然无法满足。由此，要分析本案首先需要明确的问题就是证明标准问题。就本案行政行为种类看，本案属于行政处罚中的简易程序类案件。这类行政处罚程序不同于普通程序的案件，行政相对人违法行为事实清楚，争议不大、处罚较为轻微。故从执法效率来看，这类涉诉案件，采用证明标准最低的"优势证据"较为合理。

此外，就本案实际情况来看，申请人的违法行为转瞬即逝，在客观上确实无法提供监控设施的情况下，属于"一对一"的证据格局下。除了执勤交警当场发现处理外，被申请人没有继续取证的条件和可能。若申请人不服行政处罚决定，对于双方来说，要达到完全让对方确信的证明标准几乎没有可能。因此，基于交通执法的特殊性，应当充分尊重交警亲眼目睹判断，并维护日常交通秩序管理的权威。故本案应当采用"优势证据"的证明标准。

第二是关于本案的证明力问题。在完成对个体证据资格的分析后，有必要厘清本案证明责任的分配规则。交警部门在本案中承担证明责任，故他需充分提供证据，证明执法行为的合法性。对于行政相对人来说，他的质证方式除了提出抗辩外，另外一种是通过合理的质疑，否认交警部门陈述的基础事实，从而降低行政机关证据的证明力，旨在法官无法对行政机关的证据形成内心确信。对此，行政机关需要继续补强证据。否则，法院将认为定案事实不清，行政机关未完成举证责任。

根据在案交警的提供证据情况分析，本案能够直接证明违法事实的证据只有执法人员的陈述。本案办案民警徐某的陈述有两个版本。一是其于本案一审出庭的陈述："晚上 17：19 分时，在天山路中山西路口 100 米处查获原告，当时站的位置是公交车道里让字的位置。原告驾驶路线始终占用公交车道。我看到的时候原告已经在公交车道了，视野范围在 100 米内，我面向朝西。没有看到原告变入公交车专用道的位置"。另外一份是本案在复议申请延长审查期间，办案民警徐某出具的工作情况，"2017"年 4 月 24 日 17 时 19 分左右，我在天山路巡逻，发现号牌为沪×××的小型轿车在天山路（遵义至中山）之间占用半个公交车道行驶，随即我将车辆拦下，并且对驾驶员按照机动车违反规定使用公交车专用车道进行处罚"。这两份本应相互印证、体现执法专业性的执法人员陈述不仅基础事实不一致导致证明效果上完全不同，而且均为至少事发 3 个月后制作完成。结合庭审情况，申请人对执法人员陈述的多处基本事实亦予以否认。

鉴于本案执法人员陈述的主观性强、客观性弱以及申请人对事实予以否认,有必要提供符合客观性要求的证据材料予以补强,否则无异于最有利行政机关的执法人员陈述可直接被采信用于认定事实。

四、交警部门无法提供执法记录仪是否未完成举证责任

在办理案件过程中,行政相对人张某一直强调,道路上有探头,交警执法时佩戴执法记录仪,庭审中交警部门不能提供探头和执法记录仪记录的内容,可以推定探头和执法记录仪记录内容对其有利。经过调查核实发现,该路段探头的确没有拍到相关画面,张某也予以认可。对于执法记录仪,经调查核实发现交警部门因客观原因无法提供。

交警部门无法提供执法记录仪是否意味着未完成举证责任呢?为此,检察人员查询了与本案相关的公安机关的执法规范,即公安部2016年7月1日施行的《公安机关现场执法视音频记录工作规定》。《公安机关现场执法视音频记录工作规定》第13条规定:"现场执法视音频资料的保存期限原则上应当不少于六个月。对于记录以下情形的现场执法视音频资料,应当永久保存:(一)作为行政、刑事案件证据使用的;(二)当事人或者现场其他人员有阻碍执法、妨害公务行为的;(三)处置重大突发事件、群体性事件的;(四)其他重大、疑难、复杂的警情。"鉴于本案无法提供其他监控镜头等视听资料,执法记录仪本应是维护交警执法公信力的唯一证据,执法人员和部门有义务永久性保存。第15条规定,"公安机关将现场执法视音频资料作为证据使用的,应当按照视听资料审查与认定的有关要求,制作文字说明材料,注明制作人、提取人、提取时间等信息,并将其复制为光盘后附卷。"本案中,即使本案存在执法记录仪因客观原因导致无法提供,但无碍执法交警按照要求,提供原始的文字说明材料,而非事后才补充具有不稳定特征的个人情况陈述。且申请人亦未提供证据证明其未违法或交警存在徇私枉法等情形,故完全采信交警的陈述,驳回申请人的诉讼请求。进一步说,"一对一"证言类的交警处罚类案件,除了行政相对人能够提供证明执法人员履职不当或者其具有违法的豁免事由证据进行抗辩外,如果执法交警言辞证据相互矛盾,却不能提供包括执法记录仪等视听资料、证人证言等其他证据印证其中的言辞内容,则不能认定案件事实清楚、证据确实充分。

最终,检察机关提出抗诉后,上海高院判决撤销二审判决、一审判决、上海某公安分局行政复议、上海某交通警察支队行政处罚。通过对本案现有证据的分析，并结合当事人的质疑，法院采纳抗诉意见与交警部门证据提供不充分且关键证据的证明力不足有关。试想，本案执法记录仪与执法探头无法提供确属客观情况，但如果执法民警能够在执法结束后针对当事人拒签尽快制作符合客观性要求的情况说明，而非复议期限第一次延长前，距离执法 3 个多月后方制作情况说明，本案绝不至于出现多个版本的陈述，亦不会出现无法合理说明的情况。因此，本案看似属于执法人员的应诉瑕疵，实则是执法全过程记录规则在具体执法中的缺位，交警部门的执法规范缺失。案件判决后，上海市交警部门高度重视此案，与上海市检察院积极沟通，表示会进一步规范交警执法行为，完善相关规定，体现上海这座超大城市的精细化管理水平。

丁某与江苏省某市某区住房和城乡建设局等行政许可检察监督案

【关键词】

再审检察建议　争议实质性化解　柔性司法

【案例简介】

2001年2月，申请人丁某买下自家房屋西山墙土地67.86平方米申请建房，并缴清各项费用，但某县建设局（2015年后因撤县并区、机构改革原因改为区住房和城乡建设局）以无规划为由不予办理建设工程规划许可证，其一直未能建成房屋。2012年起，丁某先后向县建设局、县政府反映不依法办理住房建设工程许可证的问题，县建设局出具《告知书》、县政府作出维持的复议决定。2012年12月28日，丁某向该县人民法院起诉，请求判令相关行政部门依法履职。法院收下诉状后一直没有反馈，丁某多次催问未果。2016年丁某被告知因行政案件集中管辖，须向某铁路运输法院重新起诉。2016年11月18日，丁某以同样被告、同样诉求向铁路运输法院起诉，法院以超过起诉期限为由裁定驳回起诉。丁某不服，向某市中级人民法院、江苏省高级人民法院上诉、申请再审，均未获支持，后申请某市人民检察院监督。

某市人民检察院经审查发现，丁某在二审期间，提交了县法院原接收材料法官手写签名并盖有法院院章的备注说明，证实2012年12月28日该院已收取丁某的起诉状，但未作出立案决定，二审法院未对该证据进行质证，也未作为裁判依据。市人民检察院认为，丁某提供的证据符合《行政诉讼法》第48条"不属于其自身的原因耽误起诉期限"的情形，应当认定其起诉未超过起诉期限，据此，于2019年7月向某市中级人民法院发出再审检察建议。中级人民法院采纳再审检察建议并将此案发回铁路运输法院重审。后丁某去世，其女儿继承诉讼，考虑到案涉争议时间过长、行政机构设置和人员变化较大，原告的实体诉求通过法院审理仍然很难得到解决，市检察院与法院沟通后，采取背靠背调解、召开圆桌会议等形式，并创设《行政争议实质性化解建议函》发送行政机关，帮助申请人协调相关部门解决当事人实际困难，为其办理基本养老保险或给予一定司法救助，促进和解。2020 年 9 月 14 日，双方在法院和检察院的共同见证下，签订和解笔录，原告向法院提交了撤诉申请，法院裁定撤诉。历时 20 年、跨越两代人、影响两辈人生活的行政纠纷画上了圆满句号。

【意义】

本案检察机关通过再审检察建议依法保障申请人诉权并推动案件进入实体审理后，主动跟进案件再审过程，与法院沟通，采取背靠背、圆桌会议等形式分别对申请人释法说理、厘清各行政机关责任分担，用更为柔性的方式，督促行政机关共同化解行政争议。

办案心得体会

用我的坚持呵护她的坚守

周 婕[*]

刚刚拿到本案时，我当然地认为这只是日常办案中最为简单的那一类"超过起诉期限被法院驳回"的行政案件，太普通太寻常了。调取的卷宗材料也显示，丁某的起诉明显超过了起诉期限，所以法院驳回起诉的裁定结果并无错误。随着办案过程的推移，通过听取当事人的申诉意见，以及审查提交的新证据，我初步认定该案可能存在起诉期限被非当事人原因耽误的情形。

为进一步核实证据材料，我与该法院当年的受案法官进行了沟通。该法官了解本案后续被驳回的原因后，表示当事人的合法诉权应当依法得到保障，并详述了2012年丁某提交起诉材料的全部经过，让双方当事人的陈述得到相互印证，从而推断本案可能涉及法院工作程序存在失误的问题。为了最大限度还原和确定2012年案件已受理的事实真相，我依法向该院发出调查函，核实相关情况，最后获得该院的回函，让证据得到进一步夯实，确定了丁某的起诉期限系因法院的工作失误被耽误的事实。

起诉期限因法院原因被耽误的问题查清了，虽然本案诉权得到了保障。但我同时了解到在该行政争议中，丁某掌握的相关证据可能不足以保障她获得实体胜诉，心里产生了本案是否有监督必要，会不会造成程序空转，是否浪费司法资源的的疑惑。但在就实体可能败诉的问题与丁某进行沟通后，丁某明确表示法院剥夺了一名普通公民的诉讼权利，自己连走进法院大门的权利都没有，何谈在法庭举证说理的权利，还是希望检察机关能监督法院，让自己堂堂正正获得诉讼的资格，至于相关实体证据自己会准备。当事人的话让我豁然开朗，检察机关作为法律监督机关，肩负法律赋予的监督权，我们的职能就是对案件进行全面监督。而且在司法实务

---

* 周婕，江苏省南京市人民检察院第七检察部四级高级检察官。

中，程序公正应当优先于实体公正，如果连程序都不能做到公正，何谈实体公正！基于这个理念，我坚定了对本案进行监督的决心。我将新证据和调取的相关材料进行汇总，形成完整证据链，并认真研读行政诉讼法和行政诉讼监督规则相关法条，将证据和法律规定相结合，形成一份证据充分，逻辑严谨的审查报告，最终做出丁某提供的证据符合《行政诉讼法》第 48 条 "不属于其自身的原因耽误起诉期限" 的情形，其起诉未超过起诉期限，原审裁定应当依法予以纠正的监督意见，向法院发出再审检察建议。

在案件办理期间，还遇到了丁某因故去世的插曲，但其女儿为了完成母亲的遗愿，坚持继续申诉。当再审法庭采纳检察机关的再审检察建议，作出撤销原审裁定，将本案发回原审法院重审的决定时，我和丁某的女儿都特别激动，丁某终于获得了其应有的诉讼权利，她的坚守和检察机关的坚持，获得了圆满的结果。同时通过对本案的监督，对法院的不规范的工作程序进行纠正，作为承办人也是欣喜的，办理这个案件应该说起到了双重监督效果。这个案件的成功监督，让我意识到，当事人的权益无论大小，都应当恪守检察监督职责，全力保障当事人的合法权利。也正是通过我们坚持行使检察监督权，才保障了当事人在案件中感受到公平正义，这也是我作为一个人民检察官最简单的初心。

在随后的重审中，正如我之前所担忧的，因案涉争议时间过长、行政机构设置和人员变化较大等原因，丁某方提交的相关证据并无证明优势，丁某的实体诉求仍然存在得不到解决的风险。然而该行政争议已历经 20 年，双方已走入僵局，如果案件败诉，丁某一方还可能会继续揪着这个行政争议事件继续其他的上访路径。因为前期办案中与丁某女儿有较多的联系，她对我有一定的信任感，我了解到其在诉讼中出现无力但又不愿放弃的纠结状态，于是产生了跟进介入该案，对该行政争议进行实质性化解的念头。经与法院沟通，在获得法院支持配合的前提下，利用用背靠背的方式，分别向双方开展化解工作。起初行政机关因有证据优势，不肯调解，坚持等待法院的判决。虽然碰了壁，但我没有放弃，我抓住全国检察机关轰轰烈烈地开展行政争议实质性化解工作的契机，坚持与行政机关沟通，通过召开圆桌会，召开协调会，电话沟通等方式，向相关行政机关的负责人宣传高检院全面开展实质性化解工作的理念，说行政争议的起因，说人民群众办事的不易，说行政机关当年行政行为的不规范，说维护社会稳定和谐的重要性，以及传递为人民服务的工作初心，最终说服了三家行政机关，同意支付丁某一方一定数额的救助款，丁某一方也同意撤回起诉。通过化解，这件历经 20 年的行政争议终于尘埃落定，为社会的和谐稳定作出了积极贡献。在落实阶段，我创设性采用发送《行政争议实质性化解建议函》的形式，厘清各行政机关责任分担，解除行政机关的后顾之忧，为实际履行扫清障碍，最终顺利达成和解并及时执行完毕。本案的有效监督以及实质性化解行政争议，真正实现了诉源治理，在法律效果和社会效果方面获得了双丰收。

宋某与浙江省某市某区人力资源和社会保障局工伤保险检察监督案

【关键词】

行政裁判结果监督　　工伤保险　　抗诉必要性　　司法救助

【案例简介】

2013 年 4 月，湖北籍工人宋某在浙江省某市某建设公司（注册地在温州市某区）位于甲区的工地工作期间受伤。宋某向甲区人社局投诉某公司未与其签订劳动合同、未为其缴纳社会保险。同年 9 月，甲区人社局书面回复称已立案进行处罚。2014 年，宋某与某公司达成接受 1.2 万元工资补偿后放弃工伤补偿等权利并解除劳动关系的民事和解。同年 12 月，宋某被鉴定为八级伤残。2015 年至 2019 年间，宋某分别以支付工伤保险待遇、撤销和解协议为由提起民事诉讼，均被驳回。2016 年 8 月，宋某向某区人社局提出劳动保障监察申请，要求责令某公司为其缴纳社会保险、支付工伤保险待遇。某区人社局认为违法行为发生超过 2 年，且不属于劳动保障监察事项，决定撤销立案。宋某提起行政诉讼。某区人民法院于 2016 年 12 月判决维持区人社局的决定，驳回诉讼请求。宋某先后提起上诉和再审，均被以相同理由驳回。

2019 年 10 月，宋某申请检察机关监督。某市人民检察院经调查核实后认为，原审法院应当依据最高人民法院关于企业补缴社会保险费 2 年查处时效的适用规定，结合宋某已经提供材料初步证明企业存在违法事实，判决责令劳动保障监察行政部门履行相应职责，故原审判决不当；甲区人社局既未责令某公司为宋某缴纳社保，亦未移送某区人社局处理，而某区人社局未依法全面审查事实即径行决定撤销立案，其行为均存在不当。由于某公司已破产，宋某无法通过法律途径获得相应补偿，某市人民检察院引导宋某将诉求转到解决生活需要上来，以实质性化解本案争议；商请两区人社局达成给予宋某一定救济的化解方案。2020 年 4 月 2 日，某市人民检察院根据宋某远在湖北新冠肺炎疫区的实际情况，通过全国检察机关视频通讯平台，连线湖北省某县人民检察院召开远程视频听证会，辩明是非，分清责任，宋某撤回监督申请。某市人民检察院与两区人社局发放救助金共计 7 万元。

【意义】

本案检察机关从抗诉必要性出发，着眼于解决当事人实际困难，促成当事人和解。考虑当事人因疫情防控等客观原因无法参与现场调处、签署书面材料，检察院借助现代化信息技术举行听证会。同时，对于合法权益受到行政行为侵害、无法通过诉讼获得有效赔偿，且生活困难，愿意接受国家司法救助后息诉息访的当事人，依法给予司法救助。

📝 **办案心得体会**

工伤索赔七年无果　跨省听证远程救助终结艰辛维权

黄益佐[*]

浙江贾宇检察长向省大人作的 2020 年全省检察工作报告，着重介绍了被高检院评为 2020 年度优秀行政检察案例的宋某行政争议案，"一民工七年前温州打工时受伤，因劳动保障监察产生行政争议，检察机关审查后发现涉案企业已破产，即使抗诉改判也无法解决实质诉求。检察官联动行政部门，与湖北疫区'云视频连线'，耐心释法，用心解困，七年争议得以化解"，这是对承办人最大的肯定和鼓舞。

时光倒退到 2019 年 10 月，一位身在湖北的民工宋某来电，"这件事对我影响很大，2013 年在温州建设工地打工过程中导致脑部颅底骨折，腰椎三处骨折，却无法拿到工伤补偿款，社保、用人公司都没有给我补偿款，打了七年官司也没用，现在 60 多岁了，身有残疾，无依无靠……"这个电话引起了我极大的关注，后来通过多次的深入交谈，得知宋某单身无子女，完全依赖打工生存，在社会中属于弱势群体，现因工伤致残，让他失去唯一生活来源，7 年的纠结与诉讼更使其心力交瘁。为了给宋某一个公平公正的处理结果，彻底打开他的多年心结，帮助他重回生活的正轨，我快速的启动调查核实程序。

一、查清全部案情、锁定争议焦点

办理行政检察监督案件，同时涉及民事诉讼、仲裁裁决的，既要全面了解、厘清法律关系，又要从整体上把握争议焦点，才能更快找出解决问题的路径。该案不仅涉及行政诉讼、民事诉讼，也涉及劳动仲裁、工伤认定、劳动监察等法律程序，法律关系极为复杂。为了全面查清案情，我们主动到两级法院、事发地甲区人社局、用人公司所在地某区人社局调取相

---

[*]　黄益佐，浙江省温州市人民检察院第六检察部副主任、四级高级检察官。

关 23 个法律程序的所有文书和案卷材料，向承办人员了解情况，全面掌握宋某工作经历、受伤治疗以及社保投诉、劳动关系确认、工资支付、工伤认定、和解协议效力、社会保险缴纳等纠纷处理的全部过程。这是一个系列诉讼案件，前案结果是后案依据，环环相扣，层层递进，但宋某所有的法律程序最终目的就是获得他应得的工伤赔偿金，但工伤赔偿金至今分文未得，这是全案的争议焦点，也是诉讼目的。

二、重视群众意见、线索，赢得群众信任

检察机关申诉是诉讼的最后程序，群众在向执法机关、复议机关、法院投诉无门，最后才向检察机关申诉，内心往往对办案人员产生了不信任。检察官办案要重视申诉群众的意见、线索、诉求，细致核查，一一解惑，才能赢得群众信任，彻底打开群众心结。这也是矛盾纠纷能够化解的前提。2016 年 8 月，某区人社局对宋某反映用人公司 2013 年未依法为其缴纳社会保险的投诉作出撤案决定，理由是宋某未在 2 年的执法时效内提出。而宋某提出自己在 2013 年 7 月已经向甲区人社局投诉，但一直没有结果才再次向 B 地人社局反映，同时提供了甲区人社局劳动监察大队出具的《回复函》复印件。承办人高度重视这一线索，向宋某及其代理人了解《回复函》复印件出处，主动发函甲区人社局核实真实性，确认甲区人社局确实宋某受理相关投诉但未及时处理的执法瑕疵，某区人社局撤案理由存在错误。承办人主动将情况一一反馈宋某，取得其完全的信任。

三、创新监督方式、选择解决实际问题的化解方案

在纷繁的法条之外，我们还需关注申请人所处的现实困境，帮助申请人解决实际困难和问题，检察监督实现法律效果之外，也需要注重社会效果，避免群众"程序空转"的诉累，推动诉源治理，所以办案需要选择合适的监督方式。本案，虽然甲区社局、某区社局存在执法瑕疵，行政裁判也存在一定的问题，对宋某合法权利造成一定损害。但是未能获得工伤赔偿的主要原因，是宋某在其中一次工资给付的民事诉讼中自愿签署的《和解协议》，确认了工资纠纷中支付的 12000 元包括工伤补偿部分，意味其放弃工伤赔偿金。宋某 7 年漫漫维权路，却因为在某一案中一个细节的过失，最终宋某未获得任何赔偿，但我们不能要求一个务工者有这么完备的法律知识。而现在用人公司已经破产，检察机关即使提出抗诉或再审检察建议，也不能帮助申请人实现获得工伤赔偿的目的，反而增加其诉累，同时也耗费大量行政资源、司法资源。我们对如何做实行政检察，既帮助申请人解决实际困难，又对行政机关进行有效的法律监督，进行深入的思考，最终创新监督方式，我口头向行政机关指出执法瑕疵，向他们介绍申请人实际困难、诉讼目的以及继续行政诉讼风险，提出由行政机关为宋某争取救助资金，来弥补之前不足，协同化解行政争议。最终，检察机关与甲区人社局、某区人社局达成共识，联合制定通过司法救助来化解矛盾的《宋某行政争议实质性化解方案》。

四、启动跨省视频听证、实施远程司法救助

"以公开促公正、用听证赢公信。"运用听证会，可以让人民群众在每一个司法案件中感受到公平正义，有利于行政争议的实质性化解。本案考虑到宋某多年诉讼未果，对行政机关、司法机关存在一些不信任，我们决定召开公开听证会，通过听证形式对行政监督案件进行审查，邀请人大代表、政协委员、律师等社会第三方充分参与，既能提高办案质量，又提高了司法公信力。会前我们再三考虑流程，因宋某年龄较大且身在湖北疫区，实施与湖北省谷城县人民检察院"云视频连线"，安排其在当地检察机关参加听证会，解决申请人舟车劳顿以及疫情影响的问题。经过听证程序，公开示证，承办人员的释法说理，听证员的深入评析，最终打开宋某多年的心结。为了帮助解决宋某的生活困难，检政联合启动司法救助程序，为让宋某在跑了 23 个法律程序后不用再跑路，我们在听证会后直接安排司法救助申请程序，避免申请人舟车劳顿，实现其到三家单位的"零跑腿"。宋某在湖北谷城县检察院提交司法救助申请材料，通过视频，我与甲区人社局、某区人社局的工作人员共同一一核对并当场受理。会后，我们紧盯救助金的审批流程，在一个月以内甲区人社局、某区人社局各 2 万元以及检察机关的 3 万元司法救助款全部转入宋某的卡内。

2020 年 6 月的一天，宋某主动来电"去镇里查了我的银行账户，救助款都到账了，非常感谢检察官能够充分考虑我的请求，帮助了我，七年的纠结终于放下了"。他难掩感激之情的一席话让我感受到检察工作的价值承载，也照亮了我职业生涯的前路，我要努力做一名有满满获得感的检察官。

蔡某与安徽省某市某街道办事处
拆迁安置补偿协议行政抗诉案

【关键词】

行政协议　诉权保护

【案例简介】

2012年5月4日，安徽省某市某街道办事处与蔡某签订《城中村改造安置补偿协议书》，约定拆除蔡某房屋，给予安置90㎡房屋一套，安置补助费55727元。2017年6月蔡某向某市某区人民法院提起民事诉讼，请求判令某街道办事处履行安置补偿协议，交付案涉房屋。区法院于2017年9月作出民事裁定，驳回蔡某的起诉。2017年10月蔡某向某区人民法院提起行政诉讼，请求确认某街道办事处未履行安置补偿协议的行政行为违法，并责令其履行该协议。某区人民法院于2017年11月作出行政裁定，对蔡某的起诉不予立案。蔡某提出上诉，某市中级人民法院驳回上诉，维持原裁定。蔡某申请再审未获支持。某市人民检察院依职权予以监督，提请安徽省人民检察院抗诉。

安徽省人民检察院经审查认为，某街道办事处行使行政机关职能，与蔡某签订案涉协议，目的是实现城中村改造建设公共利益，双方不是平等的民事主体，协议内容具有行政法上的权利和义务，应属行政协议，属于行政诉讼受案范围。且蔡某就案涉协议提起民事诉讼，某区法院认为不属于民事诉讼受案范围，裁定驳回蔡某的起诉。现蔡某提起行政诉讼又裁定不予立案，明显剥夺了蔡某的诉讼权利。据此，2019年12月向安徽省高级人民法院提出抗诉。2020年4月安徽省高级人民法院指令某市中级人民法院再审本案。2020年8月某市中级人民法院采纳检察机关抗诉意见，依法作出改判。

【典型意义】

本案检察机关把握行政协议的内涵，认定此类协议应当为行政协议，属于行政诉讼受案范围。强化诉权保护，通过抗诉监督法院纠正错误裁定，解决了行政、民事诉讼相互推诿，群众告状难问题。

📝 **办案心得体会**

不忘初心　做实行政检察工作

孙淑琴[*]

通过蔡某与安徽省合肥市某街道办事处拆迁安置补偿协议行政抗诉案该案的办理，我深刻体会到了检察机关行政诉讼监督的意义和价值，对如何办好行政检察案件有了更深入的思考。

第一，既要注重实体权益救济，亦要注重程序权利保护。人民法院实行立案登记制以来，扩大了行政诉讼受案范围，受理和审理了大量行政案件，有效化解了行政争议，维护了人民群众的合法权益，但行政诉讼"告状难"现象仍然一定程度存在。在司法实践中，部分法院考虑到案件的实体争议难以通过诉讼解决，为减少当事人的诉累及对法院的对立情绪，常以程序理由裁定不予受理或驳回起诉，案件本身未进入实体审理，最终导致程序空转。这样的案件在我们检察监督环节很常见，不少办案人员往往从案件实体出发，考量是否对当事人的诉权予以保护。实体错误的即予以监督，实体并无不当的即作出不支持监督申请决定。这种"重实体、轻程序"的做法，的确避免了程序空转，节约了司法资源，但同时也损害了司法公信力。无救济则无权利，当司法救济拒绝保障私权时，人们要么放弃，要么为权利而斗争，选择非理性的私力救济，往往影响了社会和谐稳定。只有加强诉权保护，畅通行政诉讼渠道，才能引导人民群众以理性合法的方式表达利益诉求，增进人民群众与政府之间的理解与信任，维护社会和谐稳定。

第二，既要坚持以人民为中心，亦要坚持服务大局。法律是解决利益冲突的规则。行政诉讼既和人民群众切身利益息息相关，又和地方党委中心工作密不可分。特别是因道路建设、城市规划、棚户区改造等重大民生工程引发的纠纷，群众个人利益和城市发展公共利益冲突明显。行政检察

---

* 孙淑琴，安徽省合肥市人民检察院二级检察官。

工作是为百姓求公道、消除社会戾气的重要举措,是社会稳定的"助推器"。在行政检察工作中,既要保护人民群众合法权益;也要维护行政机关依法行政,如何平衡二者之间的关系,考验着我们每个办案人员的政治智慧和法律智慧,也考验着我们的勇气和担当。一方面,我们要树立以人民为中心的办案理念,以实际行动回应人民群众对公平正义的期待,回应人民群众对美好生活的向往。以公正、严谨、规范的态度办理每一起案件,深研案情、细究法理,坚持做到"以事实为依据、以法律为准绳",立足当事人的合理诉求,切实解决人民群众的操心事、烦心事、揪心事,维护当事人的正当利益。另一方面,要注重服务大局,处理好个案与经济发展、社会稳定的关系。一件征收安置补偿协议纠纷的处理,不仅影响的是案件当事人个体的利益冲突,而且会影响所在区域的征收补偿工作开展,甚至地方社会关系的稳定。所以行政检察人员执法办案,不能就案办案,不能机械适用法律,要考虑到案件当事人的利益,更应考虑到案件处理背后的潜在社会效果,实现政治效果、法律效果、社会效果的有机统一。既能为经济社会发展提供有力司法保障,又能妥善保障老百姓合法权益。

第三,既要注重实质性化解行政争议,亦要坚守法律底线。多年的行政审判和民事行政检察工作经验,使我充分认识到行政诉讼监督案件的敏感性和复杂性。很多案件涉及征地拆迁、规划许可、行政拘留等重大利益纠纷,当事人又经历了层层信访、层层诉讼,历时弥久,矛盾较尖锐。如果处理不好极易引起群体事件或者个别恶性事件,影响社会稳定。在办案中,我会审慎的对待每一起申请监督案件,坚持用心、用情待人,倾力而为付出,设身处地换位思考,精细化审查案件,让老百姓感受到司法的温度。充分预判案件风险,凡是能够协调和解以及矛盾容易激化的案件,以足够的耐心调动各方力量促成和解。协调不成的,严把案件办理的事实关、证据关、法律关、程序关,符合监督条件的坚决予以监督,不符合监督条件的则做好释法说理和思想疏导工作。确属疑难复杂、有争议的案件,及时启动公开听证程序,借助外部力量化解行政争议。如办理的安徽某设计公司申请监督案,针对当事人对司法程序公正性质疑问题,通过公开听证让当事人充分表达诉求,保障办案过程的公开透明。虽然案件处理结果是对当事人作出不支持监督申请决定,但检察机关的办案程序和决定得到了当事人的充分认可。

当然，实质性化解行政争议不是"和稀泥"，不能背离法律底线。合法性判断是协调和解工作的基调和方向，必须在法律的框架内推动问题解决和矛盾化解，否则和解方案很难经得起法律和历史的检验，甚至可能造成司法权威和公信丧失殆尽。

总之，作为行政检察人员，要不忘初心，胸怀大局，勇于担当作为，做人民权利的维护者，做经济社会发展的守护者，为行政检察工作的发展添上浓墨重彩的一笔。

福建省某市交通警察支队与卢某道路交通行政处罚行政抗诉案

【关键词】

吊销机动车驾驶证　行政抗诉

【案例简介】

2013 年 5 月 1 日 21 时许，卢某醉酒无证驾驶无牌两轮摩托车碰撞路边行人吴某，致其轻微伤，法院以危险驾驶罪判处其拘役 3 个月，并处罚金 3000 元。某市交警支队作出吊销卢某的机动车驾驶证的行政处罚。卢某认为，其持有的小型汽车驾驶证与涉案交通事故无关，不服某市交警支队吊销机动车驾驶证的行政处罚决定，向某市某区人民法院提起行政诉讼。区法院于 2013 年 9 月作出行政判决，维持某市交警支队行政处罚决定。卢某向某市中级人民法院提出上诉。市中级法院于 2013 年 12 月作出行政判决，撤销某区法院行政判决和某市交警支队行政处罚决定。某市交警支队不服二审判决，向省高级人民法院申请再审未获支持，后向某市人民检察院申请监督。厦门市人民检察院提请福建省人民检察院抗诉。

福建省人民检察院经审查认为，《中华人民共和国道路交通安全法》规定的吊销机动车驾驶证是一种剥夺持证人驾驶任何机动车上道路行驶资格的处罚，不是只剥夺某一准驾车型资格的处罚，因醉酒驾驶被吊销机动车驾驶证，是对持证人道路交通安全和法律意识的一种否定性评价，与持证人的年龄、身体条件及驾驶技能无关，与持证人实际持有驾驶证的准驾车型无关，也与持证人实施违法行为时实际驾驶的机动车类型无关。据此，2019 年 9 月向福建省高级人民法院提出抗诉。2020 年 5 月，福建省高级人民法院采纳检察机关抗诉意见，依法作出改判。2020 年 6 月，福建省检察院与省法院、省公安厅交警总队等相关部门进行座谈，就统一全省关于吊销机动车驾驶证的执法标准和裁判尺度形成了规范性处理意见。

【意义】

本案检察机关通过抗诉督促人民法院改判，监督纠正了下级法院错误判决，明确了对醉酒驾驶者吊销机动车驾驶证，是对持证人道路交通安全和法律意识的一种否定性评价这一基本执法标准。检察机关在办案中坚持个案监督与类案监督相结合,在成功抗诉的基础上,主动就统一全省关于吊销机动车驾驶证的执法标准和裁判尺度加强与法院、行政机关进行磋商研究,达成共识,统一执法司法尺度,促进一个领域内一类问题的解决。

办案心得体会

衔两法汇三家织网醉驾

黄金娜　　林中强[*]

一、严把事实关，厘清不同违法情形

2014年9月，厦门市公安局交通警察支队不服厦门市中级人民法院作出的二审生效判决，向厦门市人民检察院申请监督。厦门市人民检察院经审查后提请省院抗诉。

经审查，发现存在一个行为涉及多项违法情形，不仅涉及行政违法，而且涉及刑事违法。本案针对的行政处罚只是行政处罚、刑事处罚中的一项，而且对于本案针对的行政处罚，一审、二审法院的看法也不一致，一审判决维持了厦门市公安局交通警察支队对卢某作出的公安交通管理行政处罚决定，二审判决则改判撤销行政处罚决定。为查明行政机关所作行政处罚决定是否合法，人民法院判决是否妥当，检察机关进行了以下调查核实工作：（1）向厦门市思明区人民法院、厦门市中级人民法院调阅本案的全部诉讼卷宗。（2）向厦门市公安局思明交通警察大队调取另案行政处罚相关文书，并了解该行政处罚的执行情况。（3）向厦门市思明区人民检察院了解卢某被刑事处罚的情况，向厦门市思明区人民法院调取刑事处罚的案件材料，并了解刑事处罚的执行情况。（4）向厦门市公安局交通警察支队了解本案行政处罚的依据、程序，并调取相关材料。（5）依法通知卢某，了解其被行政处罚、刑事处罚的情况。（6）向厦门市车辆管理所了解机动车驾驶证登记内容以及申请、补领、换领、注销登记的规定。

经全面审查人民法院行政、刑事案件卷宗，调取相关相关文件，查明以下事实：（1）卢某酒后无证驾驶无牌两轮摩托车致行人轻微伤，这一行

---

[*] 黄金娜，福建省人民检察院第七检察部三级高级检察官；林中强，福建省人民检察院第七检察部四级高级检察官。

为有三个违法情形：一是醉酒驾驶。经鉴定，卢某的血液酒精浓度为 255mg/100ml，已达醉酒驾车标准。二是无证驾驶。卢某持有 C1 准驾车型的驾驶证，其驾驶两轮摩托车，该准驾不符的行为在性质上属于无证驾驶，在适用处罚上，可以按照未取得驾驶证而驾驶机动车的处罚规定适当从轻处罚。三是驾驶无牌机动车。卢某驾驶的两轮摩托车没有上牌，属于无牌机动车。（2）卢某因上述三个违法情形分别被处以三种不同处罚：一是因醉驾构成危险驾驶罪，被厦门市思明区人民法院判处拘役 3 个月，并处罚金人民币 3000 元。二是因醉驾被厦门市公安局交通警察支队吊销机动车驾驶证。三是因准驾不符、驾驶无牌机动车，被厦门市公安局思明交通警察大队罚款 800 元。（3）卢某对其醉驾、准驾不符、驾驶无牌机动车的违法行为均没有异议，只是对于其醉驾驾驶两轮摩托车被吊销 C1 车型的驾驶证有异议。（4）驾驶证一人仅能持有一本，准驾车型采用罗列方式载明在同一本驾驶证上，如有增加或者降低准驾车型，应进行换证而非增发或者收回某一准驾车型驾驶证。

二、精准适用法律

准确适用法律法规是依法公正解决争议的前提，也是精准监督的重要依据。通过对事实的查明、整理，进一步查找对应的法律规定，最终认定本案二审法院的判决属于适用法律错误。（1）醉酒驾驶应吊销驾驶证有法律明确规定，与醉酒驾驶犯危险驾驶罪的刑事处理不存在矛盾。《道路交通安全法》第 91 条第 2 款规定："醉酒驾驶机动车的，由公安机关交通管理部门约束至酒醒，吊销机动车驾驶证，依法追究刑事责任；五年内不得重新取得机动车驾驶证。"卢某醉酒驾驶机动车，厦门交警支队根据《道路交通安全法》第 91 条第 2 款规定作出吊销卢某的机动车驾驶证的处罚依法有据。（2）醉酒驾驶与准驾不符视同无证驾驶、驾驶无牌机动车属于不同违法情形，可以分别处以不同处罚。《道路交通安全违法行为处理程序规定》第 48 条："一人有两种以上违法行为，分别裁决，合并执行，可以制作一份行政处罚决定书。一人只有一种违法行为，依法应当并处两个以上处罚种类且涉及两个处罚主体的，应当分别制作行政处罚决定书。"因此，本案中厦门交警支队作出吊销卢某的机动车驾驶证的行政处罚，符合法律规定，不属于重复处罚。（3）从立法目的来看。吊销机动车驾驶证，是因为持证人实施了严重的道路交通安全违法行为，或者是实施的道路交通安全违法行为造成了严重的损害后果，从而法律评估持证人从事驾驶机动车上道路行驶的行为将危及公共安全，持证人的交通安全意识、交通法律知识已不具备继续驾驶机动车的条件，因此终止其驾驶许可。这种法律评估不仅是对持证人的驾驶技能的否定，更重要的是对持证人道路交通安全和法律意识的一种否定性评价。（4）从执法后果来看。如果醉酒驾驶仅允许吊销其醉酒时所驾驶车型的资格，则醉酒驾驶人只要不驾驶其已经获得的准驾车型，行政机关就无法吊销其驾驶证。比如，持有小型汽车的驾驶证醉酒驾驶大型拖车，虽造成严重危险，却不能吊销其驾驶证；又如持有 C 准驾车型驾驶证，这次醉酒驾驶 A 车型、下次醉酒驾驶 B 车型，总之醉酒后就是不选择 C 车型，却不能吊销其驾驶证。这样执法所导致的后果显然不符合立法目的，也不符合过罚相当的原则。

三、统一执法尺度，推动类案监督

人民检察院应当坚持"在办案中监督、在监督中办案"的理念，在办理行政检察监督案件中，要注重以个案为突破口，把个案监督与类案监督有机结合，以点带面，推动类案监督。要针对行政执法过程中一些普遍性的问题，主动加强与相关行政机关的沟通协调，促进一个领域内一类问题的解决，实现办理一案、治理一片的监督效果。本案在成功抗诉的基础上，检察机关进一步与人民法院、行政机关就有关问题进行磋商研究，达成共识，形成了规范性处理意见，统一了执法尺度，取得了良好的监督效果。

本案再审改判后，福建省人民检察院与省高级人民法院、省公安厅交警总队等相关部门就吊销机动车驾驶证等级问题进行座谈研讨，达成共识，统一全省关于吊销机动车驾驶证的执法标准和裁判尺度。即以下两种情形中的驾驶行为具有严重社会危害性，交警部门对驾驶人处以吊销全部机动车辆驾驶资格的处罚，予以支持：一是因醉酒驾驶（血液酒精含量 80mg/100ml 以上）机动车上道路行驶被吊销机动车驾驶证的；二是因违反道路交通安全法律、法规规定，发生重大交通事故，构成犯罪，被吊销机动车驾驶证的。

江西省某市市场监督管理局申请强制执行某水厂行政处罚检察监督案

【关键词】

食品药品安全　追加合伙人　恢复执行

【案例简介】

2018 年 2 月 12 日，某市市场监督管理局对某水厂作出罚款 60030 元的行政处罚决定。某水厂在规定期限内未履行处罚决定，亦未申请行政复议或提起行政诉讼，经催告仍未履行。2018 年 8 月 29 日，市场监督管理局向某区人民法院申请强制执行。同日，区人民法院作出准予强制执行裁定，并于 8 月 30 日向某水厂发出执行通知，但该厂未履行生效法律文书确定的义务。9 月 6 日，区法院向某水厂发出报告财产令、限制消费令，并通过网络执行查控系统查明某水厂无可供执行财产。11 月 27 日，区法院将某水厂纳入失信被执行人名单，并裁定终结本次执行程序。

某市人民检察院在开展落实食品药品安全"四个最严"要求专项行动中，发现该案线索并移送某区人民检察院。某区人民检察院于 2020 年 4 月 14 日依职权启动监督程序。检察院查明：某水厂系普通合伙企业，共有 3 个股东，出资比例均为 33.3%。某区人民检察院审查认为：（1）区法院在未追加某水厂的合伙人为被执行人情形下，即认定被执行人无财产可供执行，进而裁定终结本次执行，违反了法律规定。（2）区法院在没有申请执行人书面同意法院终结本次执行程序，或明确表示提供不出被执行人的财产或财产线索，或对法院认定被执行人无财产可供执行书面表示认可的情况下，裁定终结本次执行程序不符合规定。2020 年 5 月，某区检察院分别向市场监督管理局、区法院发出检察建议，建议追加某水厂合伙人为被执行人、恢复执行程序。2020 年 12 月 2 日，经区法院恢复执行，某水厂合伙人袁某某全额缴纳了本案罚款。

【意义】

对事关公民生命健康安全的食品药品领域行政非诉执行案件进行监督，是检察机关落实食品药品安全"四个最严"要求的具体措施，应当加强依职权监督。对被执行人为合伙企业的，法院仅查明合伙企业无财产可供执行即终结本次执行，将使此类行政处罚得不到及时有效执行，不利于对行政违法行为的打击。本案检察机关提出依法追加合伙企业合伙人为被执行人的监督意见，促使法院恢复执行并执行到位，为规范被执行人为合伙企业的行政非诉执行、有效落实对合伙企业行政违法行为的惩处，提供了监督指引。

📝 **办案心得体会**

注重做到"两提高一加强" 确保行政检察取得实效

张金华　曹小金[*]

我院积极贯彻高检院"四大检察"全面协调充分发展的理念，着眼服务大局，主动适应新形势发展变化，拓展行政检察视角，在江西省检察机关、市场监管部门、药品管理部门落实食品药品安全"四个最严"要求专项行动中，针对新余市市场监督管理局和渝水区人民法院在执法过程中存在的问题，分别发出改进工作的检察建议和执行检察建议，取得了实效。通过此案的办理，我们有以下三点体会。

第一，提高思想认识，为做好行政检察工作打下牢固的思想基础。2020 年 9 月，省检察院下发了《关于对食品药品领域行政非诉执行开展专项监督活动的通知》之后，我院党组高度重视，积极组织干警认真学习通知精神，统一思想，提高认识。通过学习，大家形成了三个认识：认识到这是新时代行政检察工作在全面推进依法治国中的具体体现；认识到对事关人民生命健康安全的食品药品领域行政非诉执行进行监督，是落实食品药品安全"四个最严"要求的具体措施，应当依职权加强监督，也是检察机关贯彻习近平法治思想、践行以人民为中心理念的体现；认识到如果对行政强制执行对象的执法不力，将使此类行政处罚得不到及时有效执行，不利于对行政违法行为的打击，势必对依法行政和公正司法造成不良影响，就不能做到有法必依、执法必严、违法必究，是建设中国特色社会主义法治体系所不容许的。正是基于这样的思想认识，我院在市院第五检察部的统一组织下、指导下，积极主动融入大局，以高度的使命感、责任感参加此次"四个最严"专项活动，实现行政检察与社会治理的契合，切实维护国家和社会公共利益。也正是在这样思想认识下，增添了我院后续与

---

　　* 张金华，江西省渝水区人民检察院检委会专职委员、四级高级检察官；曹小金，江西省渝水区人民检察院检委会委员、一级检察官。

行政机关、司法机关协调并监督跟踪其落实我院检察建议的底气。

第二，提高专业能力，为做好行政检察工作打下坚实的专业基础。要做好行政检察监督工作，首先是要求行政检察干警具有发现问题的能力。数量繁多的民事、行政法律法规，复杂的法律关系，等等。这无疑对行政检察干警的专业能力提出了更高的挑战。为了快速提高行政检察干警监督能力水平，一方面，我院除组织行政检察干警参加上级院组织的网络培训外，实行政策倾斜，专门为行政检察干警购买相关专业书籍供干警学习；另一方面，检察干警也自我加压，主动利用业余时间自学。本案的成功办理便是我院检察干警专业能力的体现。本案中，渝水区人民法院作出行政裁定书之后，向某水厂发出了执行通知书，责令某水厂报告财产，对某水厂作出了限制消费令，对某水厂的财产进行了多次查询，对某水厂的不动产房产登记信息进行了查询，将某水厂纳入了失信被执行人名单，等等。法院对某水厂采取的执行措施不能说不"丰富"，如果办案干警仅仅停留在对法院采取上述执行措施内容上去审查，而不能运用实体法和程序法去分析该案，势必会得出以下结论：该案已经过八查，某水厂无可供执行财产，法院对该案的执行措施已经穷尽，作出的终结本次执行程序裁定并没有错误。但我院办案干警经过全面审查，运用"执行承担"原理去分析案件，审查认为，虽然某水厂已无财产可供执行，但该水厂为普通合伙企业，共有3个股东，出资比例均为33.3%，依法股东应承担连带责任，该案执行过程仅考虑到执行该水厂财产而未考虑到执行合伙人的财产，故并未穷尽执行措施，即应追加合伙人袁某某等人为被执行人。遂根据《人民检察院民事诉讼监督规则（试行）》《人民检察院行政诉讼监督规则（试行）》等相关规定，分别向市场监督管理局、渝水区法院发出检察建议，建议追加某水厂合伙人为被执行人、恢复执行程序。

第三，加强沟通跟踪，发挥"一手托两家"的功能作用，确保监督取得实效。我院在审查中，针对发现的违法情形，分别向新余市市场监督管理局和渝水区人民法院提出检察建议，督促两单位同时同向整改，促使执行及时得到恢复和落实。首先，我院加强了事前沟通。在审查案件发现问题后，并不只是简单的向市场监督管理局和渝水区人民法院发送检察建议，一发了事，而是事前充分沟通，取得共识。在与新余市市场监督管理局沟通过程中，我院结合案情释法说理，该局办案人员表示"增长了知识、破解了他们开展执法工作中遇到的难题"，该局高度重视，局领导表示立即采纳我院提出的检察建议，向渝水区法院申请追加某水厂合伙人袁某某等人为被执行人。在与渝水区人民法院沟通过程中，双方就该案相关法律问题展开了激烈讨论，该院最终表示愿意接受我们检察建议。其次，我院加强了对检察建议的落实。向渝水区人民法院发出检察建议之后，我院本着对党忠诚、维护法律权威、对人民负责的态度，以"将铁杵磨成针"的工作作风，不计次数地先后与承办该院的员额法官、部门领导、分管院领导进行协调，跟踪其工作进度，最终促成了检察建议的有效落实。

该案的成功办理，为我市两级市场监督管理部门提供了执法指引，市、区两级市场监督管理部门也以此案为契机，在其系统内部对行政执行案件进行了自查，提升了执法水平，切实有效地推动和促进了辖区食品药品行政执法工作，彰显了我院在社会治理中的积极作用，实现了"双赢多赢共赢"办案效果。

韩某与河南省某市人力资源和社会保障局
工伤认定行政抗诉案

【关键词】

工伤认定　工作岗位的认定

【案例简介】

韩某的丈夫薛某生前系某市保洁中心职工，其清洁打扫区域在该市河雍大道东段。2008年2月21日上午9时许，薛某在该市距离河雍大道3公里以外的缑村三街晕倒，经"120"抢救无效死亡。后韩某申请工伤认定，某市人社局不予认定。韩某不服，提起诉讼。法院于2011年3月4日作出判决，认为薛某的死亡地点不在工作岗位，不符合"工作时间和工作岗位突发疾病当场死亡"的情形，判决维持市人社局所作决定。韩某提出上诉，市中级人民法院于2011年6月16日判决驳回上诉，维持原判。韩某申请再审，省高级人民法院指令市中级人民法院再审。市中级法院再审后，以相同理由维持原判决。韩某申请检察机关监督。某市人民检察院提请省人民检察院抗诉。

河南省人民检察院审查认为，根据《工伤保险条例》规定，能否认定"视同工伤"，取决于职工受到伤害时是否在工作时间和工作岗位。"工作岗位"不等于"工作场所"。本案中，薛某在工作期间因身体不适，选择离开工作场所前去就医，是普通人的正常反应和合理行为，劳动者的自救行为不能成为其丧失劳动权益保护和救济的不利因素，应当认定其是在"工作岗位"上死亡的。同时，市保洁中心作为用人单位，负有保管考勤表及签到簿的责任，其主张薛某死亡当天未上班，但不能提供当天的考勤表及签到簿，应当承担举证不能的法律后果。法院判决支持市人社局不予认定工伤的决定，属于认定事实不清、适用法律错误。省人民检察院遂向省高级人民法院提出抗诉。2020年7月7日，省高级法院采纳检察机关抗诉意见，撤销原审判决和市人社局处理决定，责令重新作出行政行为。2020年9月17日，市人社局作出决定，认定薛某为"视同工伤"。

【意义】

工伤保险的立法目的，在于最大限度地保护劳动者受到职业伤害后获得救济的权利，既体现在进行法律概念解释、司法推定时应秉持的价值取向上，也体现在举证责任的适用规则上。检察机关在办理工伤认定纠纷案件时，应当准确把握工伤保险制度的立法目的和宗旨，监督法院和行政机关对"工作岗位"等法律概念进行正确的理解和适用。同时，对于用人单位否认工伤而又不能提供相关证据的，应监督法院依法正确适用举证责任分配，充分保障劳动者因工作原因遭受事故伤害或突发疾病时能够获得相应医疗救济、经济补偿。

办案心得体会

精准抗诉扬正义　检察为民显真情

王和平　李　军[*]

河南省人民检察院第七检察部成立以来，牢固树立以人民为中心的司法理念，把司法为民落实到办理的每一个案件中，努力提供更实更优的法治产品、检察产品，着力解决人民群众的操心事、烦心事、揪心事，切实增强人民群众的获得感、幸福感、安全感。做实行政检察，必须在办案中监督、在监督中办案。重在监督要精准、办案要优质，把监督做实、把案件办好。因为我们办理的不仅仅是案件，还是别人的人生。在办理该案的过程中，我们始终秉承"求极致"的办案理念，以审查精细化促进监督精准化，努力打造精品案件。

一是精细化审查举证责任分配问题。举证责任又称证明责任，是指应该由谁负责提供证据用于证明有争议的案件事实，否则将承担对自己不利的法律后果。实践中，劳动者相较于用人单位往往处于弱势地位，为充分保障工伤职工能够依法获得救助，《工伤保险条例》第19条第2款规定："职工或者其近亲属认为是工伤，用人单位不认为是工伤的，由用人单位承担举证责任。"《工伤认定办法》第17条、《河南省工伤保险条例》第18条、《河南省实施〈工伤保险条例〉暂行办法》第19条均作出了类似规定。本案中，韩某作为薛某家属，主张薛某在正常上班时间死亡，并提供证人证言予以证明，履行了初步举证责任；某清扫保洁服务中心作为用人单位，负有保管考勤表及签到簿的责任，在工伤认定和法院审理时，应当提供该主要证据证明其主张而未提供，故应承担举证不能的法律后果。检察机关在办理工伤认定纠纷案件中，要监督行政机关和人民法院正确适用举证责任的法律规定，有效维护劳动者的合法权益。

---

* 王和平，河南省人民检察院第七检察部主任、三级高级检察官；李军，河南省人民检察院三级高级检察官。

二是精细化审查证据认定问题。人民检察院是国家的法律监督机关，开展法律监督，前提是查清案件事实。检察机关办理行政裁判结果监督案件，通过书面审查卷宗、当事人提供的材料等难以认定案件事实的，应当进行调查核实，调查核实应保持客观、中立、公正的立场。本案中，某市人社局和某清扫保洁服务中心为证明薛某死亡当天未签到上班，提供了殷某和杨某的证言，该证人证言前后矛盾且与客观事实不符，应不予采信。检察机关在审查过程中调取了新的证人证言，证据之间相互印证，可以认定薛某因在工作场所劳动感到身体不适而离开工作场所就医的事实。检察机关通过调查核实发现行政判决、裁定认定事实的主要证据不足的，应当依法监督。

三是精细化审查法律适用问题。工伤保险制度的立法目的和宗旨，在于最大限度地保护劳动者在受到职业伤害后获得救济的权利，既体现在上述的举证责任分配规则上，也应体现在进行法律概念解释、司法推定时应秉持的价值取向上。根据《工伤保险条例》第 15 条第 1 款第（一）项之规定，职工在工作时间和工作岗位，突发疾病死亡或者在 48 小时之内经抢救无效死亡的，视同工伤。"工作岗位"在《工伤保险条例》中未有明确定义，在对其进行解释时，应当结合立法目的和宗旨，避免机械和狭义地理解为"工作场所"。本案中，薛某死亡的地点虽不在"工作场所"，但在身体不适的情况下离开工作场所就医，是其正常反应和合理行为，劳动者的自救行为不能成为其丧失劳动权益保障和救济的不利因素，故应当推定薛某是在"工作岗位"上死亡的。检察机关在办理工伤认定纠纷案件时，应当准确把握工伤保险制度的立法目的和宗旨，监督法院和行政机关对"工作岗位"等法律概念进行正确的理解和适用。

行政检察作为新时期"四大检察"的重要组成部分，对案件办理提出了高标准、新要求。河南检察机关积极践行精准监督理念，通过抗诉既纠正了错误判决，监督人民法院公正司法，又实现了对行政机关的"穿透式"监督，促进行政机关依法行政，充分发挥了行政检察"一手托两家"的作用，提升了行政检察监督质效。我们深知，人民无小事，案件无小事，法治无小事。正如一滴水可以折射出太阳的光辉，一个个捍卫公正、彰显价值的优秀案例也必将成为推动中国法治进步的重要力量。

方某与湖南省某市自然资源和规划局、向某行政处罚行政抗诉案

【关键词】

责令限期改正　行政处罚

【案例简介】

方某与向某系邻居，所居住区域被划定为"严控规划地区"。2016年4月向某未经批准擅自改建房屋，方某认为影响其通风采光，投诉至某市规划局，该局作出责令向某限期改正违法行为的行政处罚决定。方某不服，起诉至某区人民法院。法院2017年12月判决驳回诉讼请求。方某上诉至某市中级人民法院。该院2018年4月驳回上诉维持原判。方某申请再审，湖南省高级人民法院指令某市中级法院再审，该院再审后仍予以维持。方某向某市人民检察院申请监督，该院提请湖南省人民检察院抗诉。期间，某市规划局变更为某市自然资源和规划局。

湖南省人民检察院经审查认为，某市规划局责令向某限期改正违法行为，属于行政命令，不属于行政处罚；未对向某的违建行为处以罚款，属于滥用自由裁量权，且与方某之间存在利害关系。据此，2020年3月向湖南省高级人民法院提出抗诉。2020年8月30日，该院采纳检察机关抗诉意见，依法作出改判，撤销某市规划局作出的行政处罚决定。

针对某市自然资源和规划部门在执法中大量混淆行政处罚和行政命令的现象，湖南省人民检察院经与湖南省高级人民法院商议，向市自然资源和规划局提出建议，要求其依法区分行政命令和行政处罚，规范执法行为；根据向某家庭经济困难、原有房屋存在严重安全隐患、对房屋进行改造确有必要等现实情况，建议市自然资源和规划局为向某补办审批手续，消除向某所建房屋违法状态。该局对上述建议均予以采纳。

【意义】

本案检察机关通过抗诉明确了行政命令与行政处罚的区别，规范了行政机关自由裁量权的行使，树立了相邻权人与行政行为之间利害关系的判断标准；坚持全面审查的原则，秉持穿透式监督理念，发挥"一手托两

家"的作用，注重个案监督和类案监督相结合，解决了城乡规划领域用行政处罚代替行政命令的共性问题。同时，坚持以人为本从实际出发，依法保障第三人的基本生活条件，努力化解社会矛盾，一揽子解决行政争议和邻里纠纷，真正做到案结事了政和。

📝 办案心得体会

为民司法、化解争议是行政检察的不懈追求

胡细罗[*]

通过办理方某与湖南省某市自然资源和规划局、向某行政处罚行政抗诉案，不仅推动人民法院纠正了错误裁判规范了再审程序，还帮助行政机关规范了执法行为，并成功化解了行政争议，取得了良好政治效果、社会效果和法律效果。作为该案提出抗诉阶段的承办检察官，主要有如下几点体会：

第一，精准抗诉、促审促判是树立监督权威的重要前提。本案系湖南省检察机关内设机构改革后全省行政检察部门办理的第一件抗诉案件和第一件获得改判的案件，争议的焦点问题理论性较强，司法裁判不尽一致，执法实践中更是相当混乱。监督者不是高人一等，而要技高一筹。如果检察机关提出的抗诉意见没有扎实的事实证据和法律法理作支撑，法院再审改判的可能性相当小。承办人针对本案争议焦点问题，查找了海量资料，虚心请教了省内外高校知名教授和实务部门业内专家，从法律原理、现行法律规定、下一步立法趋势以及最高立法机关的意见等各方面入手，详细论证了某市自然资源局作出的"责令限期改正违法行为"不具备行政处罚的基本特征，属于行政命令。对何为"与行政行为存在利害关系"的问题进行了深入阐释，深入分析并明确了相邻权人对行政机关所作行政行为享有诉权的范围。同时，结合下级院提请抗诉的理由，充分听取了检察官联席会的讨论意见并根据主管检察长的审核意见，数易其稿形成了最终的法律文书。出席再审法庭前，我们再次熟悉案件情况和证据材料，针对争议焦点和有可能出现的情况形成了详细的出庭预案。在再审法庭上，就行政机关代理人对抗诉理由提出的几点异议——予以解释说明，对其针对检察机关开展法律监督发表的不当言论予以了驳斥，行政机关的代理人不得不

* 胡细罗，湖南省人民检察院第七检察部副主任、四级高级检察官。

当庭表示，"我们的执法行为确实存在瑕疵。"再审庭审后。我们注重后续跟进，积极加强与承办法官的沟通衔接，消除了检法两家认识分歧，最终人民法院再审判决对检察机关提出的抗诉意见全部予以采纳，纠正了原来的错误判决，有力维护了司法公正和监督权威。

第二，全面审查、全程监督是强化监督效果的有力抓手。长期以来，湖南省检察机关提出抗诉的行政案件数量不多，人民法院审理抗诉案件经验不足、程序不够规范。我们办理此案中，秉持全面审查、全流程监督的理念，树立主动发现线索的意识，提升深入研判线索的能力。针对湖南省高级人民法院通知检察机关派员出席再审法庭中存在的法律文书错误、程序不当等问题，依法向其提出审判程序违法检察建议。湖南省高级人民法院在法律的规定内予以回复，虚心接受检察机关的监督意见。后通过法检两家当面沟通，不仅彻底解决了通知检察机关派员出席再审法庭程序不规范的问题，还一并解决了再审法庭布置、抗诉书副本送达当事人等问题。本案系 2012 年法律赋权检察机关对民事行政审判程序违法开展监督以来，湖南省检察院向湖南省高级法院提出的第一件审判程序违法监督检察建议。

第三，法检联动、形成合力是推动依法行政的有益尝试。如何在办理司法个案中有效拓宽监督思维、延伸监督范围，最终实现行政检察"一手托两家"的监督效果，是我一直关注和思考的一个问题。在办理此案中，我通过与行政机关工作人员交流发现，在某地区自然资源管理部门，使用行政处罚的方式作出行政命令并非单独个案，而是惯常做法。为有效推进依法行政，实现诉源治理，助推社会治理体系和治理能力现代化建设，我与省高级人民法院承办法官经深入沟通后达成共识，法检两院共同向某市自然资源局提出建议，要求其优化工作流程，规范执法行为，该局对我们提出的建议全部采纳并立行立改，真正做到了"办理一案、监督一片"的效果。

第四，以人为本、化解争议是办理行政检察案件的不懈追求。本案中，虽然检察机关依法提出抗诉后人民法院再审予以了改判，但第三人向某建设的房屋仍处于违法的状态，行政争议仍未彻底化解，邻里纠纷仍未解决甚至有可能进一步升级。再审庭审后，我与湖南省高级法院承办法官再次共同查看现场，发现向某家庭经济困难，原有房屋系危房存在严重安全隐患，对房屋进行改造确有必要。我们一致认为，行政管理和司法办案均应该以人为本，不能因当地政府将该区域划为"严控规划地区"而影响向某的基本生活条件。经法检两家共同商定后，向某市自然资源和规划局提出建议，督促其为向某补办报批手续，消除了向某所建设房屋的违法状态，同时加强了对方某的释法说理，既体现了以人为本的司法理念，又一揽子解决行政争议和邻里纠纷，真正做到案结事了政和。

原广东省某市国土资源和规划委员会申请强制执行黄某农田违法建设处罚决定检察监督案

【关键词】

占田违建行政非诉执行　裁执分离

【案例简介】

2017年12月11日，原广东省某市国土资源和规划委员会因黄某未完善相关用地手续，擅自占用某区某村部北侧土地（属农用地）进行建设，涉及土地面积497.57平方米，对其行政处罚：责令退还非法占用的土地；限15日内拆除该土地上新建的建筑物和其他设施，恢复土地原状；罚款14927.1元。黄某在法定期限内未申请行政复议或提起行政诉讼，只缴纳罚款，不履行其他义务。原某市国土资源和规划委员会于2018年8月8日申请强制执行。2018年11月20日，某铁路运输法院裁定准予强制执行，拆除非法占地新建的建筑物和其他设施，由违法用地所属区人民政府组织实施。

某市某区人民检察院针对此"裁执分离"案件，着重审查执行裁定书和有关会议纪要、函件，查看违建现场等，查清强制执行主体责任及拆违工作未实质性开展，耕地仍被侵占破坏等情况。2020年9月，检察机关向区综合行政执法局和某镇政府发出检察建议书，建议其积极履职。另外，鉴于拆违案件易引发社会稳定风险，检察人员以行政争议实质性化解为导向，释法说理，促使黄某认知破坏耕地违建行为的错误，提醒行政机关在执法过程中，既要维护国家利益和法律权威，又要文明执法，尽量促成当事人自行拆违。区综合行政执法局和某镇政府收到检察建议书后，均积极采取措施，区综合行政执法局制作《违法用地案件强制执行法律文书使用指引》；某镇政府发出《强制执行通知书》《公告》等法律文书，并在检察机关督促下多次联系黄某，向黄某宣传保护耕地（基本农田）政策，以案说法，促使黄某认识占田违建的危害及自身要承担的后果，自行拆除涉案3个地块建筑物并去除硬底化，复耕复绿。

【意义】

检察机关通过督促相关行政机关积极履职，既促成"裁执分离"行政非诉执行和行政争议实质性化解，又在检察领域较好贯彻落实保护耕地基本国策。本案检察机关着重审查"裁执分离"案件"执行主体不明确"类型化问题，通过向行政机关发出检察建议，从根本上解决"裁执分离"案件存在的执行问题。同时，检察机关以行政争议实质性化解为导向，注重释法说理，跟进监督，促成被执行人自行拆违，复耕复绿。

📝 办案心得体会

学党史不忘初心　护耕地继续前行

郑天龙　　何梓桢*

最高人民检察院于 2018 年 3 月决定在全国检察机关开展民事和行政非诉执行监督专项活动以来，我院领导高度重视，对专项活动提出严格要求，并层层抓落实，确保此项工作的顺利开展。办案人员在办理原某市国土资源和规划委员会与黄某农田违法建设行政非诉执行检察监督案中，自觉按照相关要求，努力发挥行政检察"一手托两家"作用，践行"双赢多赢共赢"理念，针对"裁执分离"案件"执行主体不明确"类型化问题开展监督，从根本上解决该案行政机关容易互相推诿"执行效率低下"问题，并取得了行政争议实质性化解的良好成效。

第一，认真贯彻指示，把握办案方向。高检院关于行政非诉执行监督工作的指示精神和要求犹如办案海洋中的一盏明灯。高检院领导多次强调，行政非诉执行监督是全面依法治国新要求，要践行以人民为中心发展思想，发挥行政检察"一手托两家"功能及作用。在日积月累的办案过程中，办案人员深刻认识到，行政非诉执行检察工作不是"孤岛"，必须具备大局意识，坚持司法为民，努力实现办案的政治效果、社会效果、法律效果的有机统一。在案件线索审查和调查核实，乃至提出检察建议后跟踪督促行政机关依法履职，促进当事人自觉拆除占用农田违法建筑物，复耕复绿的过程中，办案组员严格按照高检院关于自觉将行政检察工作融入"六稳""六保"的工作大局中谋划和行政争议实质性化解、"双赢多赢共赢"等要求，督促行政机关积极履职与文明执法，对被执行人黄某加强释法说理，督促推动争议矛盾化解，确保正确的办案方向。

第二，慎查案件线索，敢于监督亮剑。涉及拆违"裁执分离"案件属

---

* 郑天龙，广东省广州市南沙区人民检察院一级检察官；何梓桢，广东省广州市南沙区人民检察院四级高级检察官。

于法院试点审判案件类型，检察机关对此类案件进行监督难度较大，障碍较多。我院收到广州铁路运输检察院移送的涉占田违建"裁执分离"本案线索后，办案人员心中亦存有介入监督的明确法律依据和有关拆违案件隐藏的维稳风险等方面的疑虑。经初步审查后发现，原广州市国土资源和规划委员会申请强制执行其对黄某作出的穗南国土规划资罚〔2017〕X号《行政处罚决定书》一案中，确实存在行政处罚经铁路运输法院裁定准予执行后，耕地仍长期被违法侵占破坏的事实，极可能存在行政机关怠于履职损害国家利益和执法权威等情形，从而坚定认为检察机关作为宪法规定的法律监督机关，只要存在不执行生效法律文书，损害国家利益的事实，就应当敢于亮剑，精准监督，遂决定依职权启动监督程序。

第三，注重调查核实，务求事实清楚。查清案件事实是精准有效提出检察建议的基础。为求极致，办案人员开展多项调查核实工作。2020年8月6日，办案人员前往黄某在广州市某区某镇某村村部北侧非法占地建设地块查看，发现农田被硬化使用，被执行人黄某既没有退还非法占用建设的土地，未拆除该地块上新建的建筑物和其他设施，也未恢复原状，从而确认存在耕地被侵占破坏急需修复的紧迫事实。

为查明行政机关长期不能积极有效执行这一破坏耕地"裁执分离"案件的原因，办案人员向规划和自然资源部门调阅行政执法卷宗、执行会议纪要及函件等材料。查明某区管委会副主任和区政府副区长联合主持召开某区土地执法工作会议明确：对于法院裁定准予强制执行并明确由违法用地所属区人民政府组织实施的案件，由区综合行政执法局行文向区政府申请，在催告书、强制拆除通知书等文书上加盖区政府公章；由属地镇（街）负责以区政府名义向当事人送达催告书、强制拆除通知书等文书以及组织实施地上建筑物的拆除等工作，并规范做好复耕复绿工作。

为进一步查清行政机关是否恰当履职情况，办案人员向区综合行政执法局开展了调查，查明该局只是拟好向裁执分离类案件当事人送达催告书、强制拆除通知书等文书模板报区政府办公室审批，未就具体个案开展执行工作。又查明，根据《广州市某区机构改革方案》及相关文件精神，原广州市某区国土资源和规划局已不再保留，广州市规划和自然资源局某区分局为广州市规划和自然资源局的派出机构。原广州市某区国土资源和规划局有关国土资源领域法律、法规、规章规定的行政处罚以及与行政处罚相关的行政检查、行政强制职责经整合后，划入广州市某区综合行政执法局。

至此，行政机关强制执行主体责任及拆违工作长期未实质性开展，耕地仍被侵占破坏等情况水落石出，一清二楚。办案人员认为，行政不作为包括应当履行而未履行和拖延履行的情形，并根据事实和法律提出检察建议，行政机关予以重视采纳，及时对拖延履职行为进行了整改。

第四，加强释法说理，力促矛盾化解。新时代赋予新使命，新使命呼唤新作为。检察人员在办案中既要努力保障国家利益，维护法律权威，又要保护被执行人合法权益。鉴于拆违案件往往涉及被执行人较大利益，容易引发社会稳定风险等情况，检察机关办理该类行政非诉执行监督案件，应尽量在法律允许范围内开展行政争议实质性化解工作。办案人员在联系被执行人黄某时，注重释法说理工作，促使其认知破坏耕地违建行为急需改正；同时，提醒行政机关在执法过程中，既要维护国家利益和法律权威，又要文明执法，保障当事人的合法权益。经检察建议督促，相关行政机关积极履职，结合具体案例释理说法，告知被执行人黄某不履行义务的危害和后果，促使其逐渐转变思想观念，认识到自己行为对基本农田造成的损害及自身要承担的后果，自行拆除了违法建筑物，并对占用硬化的497.57 平方米基本农田复耕复绿。至此，经检察机关介入监督，该案行政争议得到实质性化解，促进案结事了政和。

徒法不足以自行，涉违建"裁执分离"类监督案件，往往涉及法院、行政机关和当事人等方面，关系比较复杂，矛盾往往尖锐，任何一个环节出现问题都会导致办案进程受阻。办案人员应始终坚持双赢共赢多赢理念和实质性化解行政争议办案方向，加强沟通协调，进一步探索构建检察机关与行政执法部门的长效协作机制，促进行政执法、司法良性循环，助力国家治理体系和社会治理能力建设。

某超市与广西壮族自治区某县食品药品监督管理局、某县人民政府行政处罚及行政复议检察监督案

【关键词】

过罚相当　处罚与教育相结合　公开听证

【案例简介】

2016年7月22日，某超市购进一批面包销售。因该批面包过氧化值不符合食品安全标准，某县食品药品监督管理局（以下简称某县食药监局）对某超市作出没收面包、没收违法所得、罚款50000元的行政处罚。某超市不服并申请行政复议，某县政府复议维持行政处罚决定。某超市遂向某县人民法院提起行政诉讼。县法院一审认为，某超市违法事实清楚，但其存在2015年《食品安全法》第136条规定的情形，应免予处罚，遂判决撤销罚款50000元的行政处罚内容。某县食药监局提起上诉。某市中级人民法院二审认为，某超市无法提供排除自身原因导致面包不符合食品安全标准的证据，但存在应予减轻处罚的情形，遂判决变更罚款为1000元。某县食药监局向广西高级人民法院申请再审未获支持，遂向某市人民检察院申请监督。

某市人民检察院经审查认为，本案事实并无争议，争议焦点是法律适用问题，行政机关实施行政处罚，应综合运用《食品安全法》和《行政处罚法》的规定，做到过罚相当、处罚与教育相结合。2020年5月，该院先后举行了公开听证和协调会，就本案二审判决是否符合过罚相当原则认真听取人大代表、政协委员、人民监督员意见，并深入开展释法说理工作。该院在参考各方意见后，最终认为某超市存在2017年《行政处罚法》第27条规定的应予减轻处罚的情形，参照《广西壮族自治区食品药品监督管理系统规范行政处罚自由裁量权适用规则》相关规定，应在2015年《食品安全法》第124条规定的最低限度50000元以下处以罚款，二审判决符合过罚相当原则，本案不符合监督条件，依法作出了不支持监督申请决定，并在协调会上促成当事人认可法院判决和检察监督结果，签订了检察确认书。

【意义】

本案检察机关对合法的行政判决予以维护，明确了行政机关实施行政处罚应做到过罚相当、处罚与教育相结合，有减轻处罚情形的，应在法定处罚幅度最低限度之下予以处罚。同时，积极通过公开听证、协调会等形式，开展释法说理，促进当事人息诉服判，既让行政相对人认识到自己行为的违法性，又使行政机关对过罚相当、教育与处罚相结合原则等法律适用问题有了正确认识，消除了其行使自由裁量权的顾虑，为今后查处现存类案时统一执法标准提供了有益参照，推动了一个领域一类问题的解决，实现案结事了政和。

办案心得体会

让行政处罚更有温度

潘威伟[*]

在办理崇左市某县某超市诉某县食品药品监督管理局、某县人民政府食品药品行政处罚纠纷监督一案过程中，通过开展行政争议实质性化解，妥善解决了行政纠纷，实现案结事了，现通过回顾办案过程，分享办案的心得体会。

首先，办理行政诉讼监督案件需充分考虑相关办案因素，综合考量监督的必要性。法院通过审理行政诉讼案件，对行政行为进行合法性审查，保护行政相对人的合法权益，促进依法行政。在行政诉讼监督案件中，二审法院通常会综合考虑案件的相关因素进行判决，对于二审行政判决监督的考量，主要是是否存在更好地解决方案，即更加符合法律规定及法律原则，并符合常理。如不能提出更优化的解决方案，则不轻易进行监督。

该案中，二审法院与一审法院就是否适用 2015 年《食品安全法》第136 条规定存在分歧。由于食药监局提出抽检时涉案面包的储存环境不符合要求，超市无法提供排除自身原因导致食品不符合安全标准的证据，因此二审法院认为不适用 2015 年《食品安全法》第 136 条规定符合法律规定。

二审法院还结合适用 2017 年《行政处罚法》第 27 条规定，遵循了行政处罚过法相当原则，从而在食品安全法处罚的最低额度以下确定了罚款金额。结合上述国家食品药品监督管理局发布的《关于食品安全行政处罚法律适用有关事项的通知》、食品药品监管机关内部的规范性文件，均体现食品监管执法应同时适用行政处罚法。收集到的典型案如杭州方林富诉市场监管局案，也体现了行政执法除了适用相关部门法，还需结合适用行政处罚法。因此，二审判决结合涉案超市的减轻处罚情节，比较好地考虑

---

[*] 潘威伟，广西壮族自治区崇左市人民检察院第五检察部主任、一级检察官。

了案件的实际情况。承办人对该案提出了不符合监督条件的处理意见，获得了分管领导的采纳。

其次，对行政诉讼监督案件进行行政争议实质性化解可有效地解决"程序空转"问题，实现案结事了政和。该案处理过程中，行政诉讼监督环节如何让行政机关接受二审判决，这是避免出现"程序空转"的关键。如市场监管局仍不接受处理决定，其与涉案超市仍将存在矛盾，同时其在今后的执法中就如何把握行政处罚法的适用仍存在不同意见。为此，需对该案进行行政争议实质性化解。

为此，承办人积极收集相关的规范性文件及案例材料，对在食品类行政处罚案件中适用行政处罚法形成了明晰的认识。对在与市场监管局的律师对接联系时，就这一观点与律师进行沟通，听取律师意见。组织公开听证过程中，一方面，听取案件当事人的意见；另一方面，由具有法律背景的听证员就案件进行评议，从客观的立场提出结合适用行政处罚法相关规定的观点，也起到第三方了释法说理的效果。经沟通，在市场监管局工作人员基本接受检察机关处理决定后，举行行政争议实质性化解协调会，使案件得以较好地处理解决。

再次，在行政诉讼监督案件的处理过程中，既要有效解决行政争议，还需突出行政相对人合法权益的保护。行政诉讼的一个显著特点是"民告官"，是行政相对人认为自身合法权益受到侵害后，依法启动的行政行为司法审查程序。行政诉讼监督程序虽是检察机关依法对法院的行政诉讼活动实行法律监督，但最终的落脚点仍是解决行政争议，为行政相对人提供充分的法律救济。

该案中，涉案超市只销售了数量很少的慕斯奶酪面包，且在被抽检发现慕斯奶酪面包不符合食品安全标准后，及时配合调查，且没有发生人身或其他损害，情节比较轻微。如果直接适用 2015 年《食品安全法》第 124 条规定罚款 50000 元，对涉案超市的处罚力度很大，将对这家小超市产生沉重的负担。对于超市而言，仅因情节轻微的违法行为承担较为严重的法律后果，其经营过程将会面临诸多法律风险。为此，在案件办理过程中，需着重考虑行政处罚法的过罚相当原则、惩罚与教育相结合原则。该案二审法院确定的处罚金额，比较好地体现了过罚相当，对超市的违法行为加以处罚，超市接受这一处罚，同时也意识到自身的错误，达到比较好的效果。

最后，食品类案件行政处罚自由裁量权的行使仍有待进一步加以规范。该案的处理还带来一个值得延伸思考的问题，即食品类行政处罚案件除了适用食品安全法，同时结合适用行政处罚法，遵循过罚相当，教育与处罚相结合原则。但在具体案件中，行政机关如何把握执法的自由裁量权？如何防范相关的执法风险？对此，原食药监管系统出台的规范性文件，如《广西壮族自治区食品药品监督管理系统规范行政处罚自由裁量权适用规则》，对自由裁量权的行使进行了规范。但该规定毕竟是规范性文件，尽管操作性强，但效力层级较低。但在具体案件中，综合相关因素从而适用过罚相当原则又带有一定的不确定性，无形中增加了行政监管部门的执法难度。因此，这有待于进一步的研究和调研，寻求更好的解决办法。

某培训学校与海南省某市市场监督管理局行政处罚裁判执行检察监督案

【关键词】

校园食品安全　行政裁判执行监督

【案例简介】

2015年1月15日，因某培训学校未取得《餐饮服务许可证》从事食堂经营，某市食药监局（现为某市市场监督管理局）依法对该校作出罚款3万元的处罚决定。该校不服，向省食药监局申请行政复议。同年6月，省食药监局经复议，维持该处罚决定。同年7月，该校向市法院提起行政诉讼，同年11月一审判决撤销处罚决定和复议决定。某市食药监局向省第二中级人民法院提起上诉，2016年6月二审判决撤销一审判决并驳回该校的诉讼请求。该校向省高级人民法院申请再审，省高级法院于2017年3月驳回再审申请。2016年8月，某市食药监局向市法院申请强制执行对该校罚款和加处罚款共计6万元。同月，法院发出《执行通知书》，该校仍未履行义务。在该校未缴纳罚款的情况下，法院作出《结案通知书》。2017年9月，该校法定代表人的配偶朱某某向法院缴纳罚款1万元。2018年12月，市法院自查发现该案未执行完毕，结案错误，遂以情况说明的方式进行纠正。

2020年3月，某市人民检察院依职权对该案启动监督。经审查认为，市法院在该案执行过程中，既未采取强制执行措施，又存在结案错误，此后虽自查发现结案错误并以情况说明纠正，但仍未采取强制执行措施，案件未执结；某市食药监局虽然掌握该校的财产线索，但未主动向法院提供。同月，某市人民检察院分别向市法院和市食药监局发出检察建议。随后，市法院恢复该案执行并将案款全部执行到位，对近年来的行政执行案件进行全面清查，对本案错误结案问题另行问责处理；市食药监局召开专题会议，研究落实进一步规范行政执行工作，要求执法人员强化责任意识，主动向法院提供被执行人财产线索并积极跟进案件进展，确保执行到位。

【意义】

本案涉及校园食品安全问题，关系学生身体健康，牵动无数家庭的心，相关生效裁判的有效落实和执行，对严厉惩处违法者、保障学生的生命健康安全、维护司法权威和行政权的公信力具有重要作用。检察机关全面发挥行政诉讼监督职能，既监督法院依法纠正违法执行结案，又促进行政机关积极主动履职，共同确保行政生效裁判执行到位，实现法律效果和社会效果的有机统一。

📝 办案心得体会

行政检察"一手托两家"守护校园食品安全

万 琪[*]

2020 年以来，我院在省院第七检察部的精心指导下，认真贯彻落实高检院、省院关于做实新时代行政检察工作的各项部署要求，紧紧围绕"加强行政检察监督 依法守护食品药品安全"专项活动，扎实开展食药品领域行政检察监督工作，通过查办一批食品药品安全领域行政执行（含非诉执行）监督案件，充分发挥行政检察"一手托两家"作用，既充分监督人民法院公正司法，又促进行政机关依法行政。

第一，加强组织领导，强化制度保障。专项活动开展以来，我院检察长高度重视，成立了以检察长为组长，分管副检察长为副组长，院第四检察部检察官为成员的专项活动领导小组。创建检察长督办指导、分管副检察长直接指挥、部门分工负责责任制，定期研究部署，坚决贯彻落实习近平总书记关于食品药品安全"四个最严"和党的十九届四中全会关于加强和改进食品药品安全监管制度要求，认真了解群众的行政检察需求，摸清与群众利益密切相关的行政执法、行政诉讼中的问题和环节，依法重点办理涉及食品药品安全的行政裁判执行监督案件，将保障人民身体健康和生命安全要求落到实处，落到每一起案件中。

第二，主动"找米下锅"，破解案源难题。针对涉及食品药品安全领域行政裁判执行监督案源短缺的问题，我院成立线索收集研判工作小组，选派行政业务能力强、办案经验丰富的检察官为小组成员，提高线索收集、研判能力。同时，工作中主动出击，与相关行政单位加强沟通联系，建立协作配合机制，通过开展联席会议、听取行政执行案件情况汇报、检查执法台账等方式全面排查案件线索。

2020 年 3 月 16 日在排查儋州市市场监督管理局执法台账过程中，发

---

* 万琪，海南省儋州市人民检察院三级检察官。

现儋州市人民法院对其申请强制执行的一起校园食品安全行政处罚案件存在长达 3 年多时间仍未执行到罚款的情形，即海南某培训学校与儋州市市场监督管理局行政裁判执行监督案件线索。

第三，抓住监督"牛鼻子"，做实"一手托两家"。承办人在办理该案中，坚决贯彻执行"在办案中监督、在监督中办案"的理念，坚守客观公正立场，对办案中发现人民法院审判结果存在错误和行政审判、执行中存在违法情形的，做到依法监督、精准监督，牢牢抓住行政检察监督的"牛鼻子"，同时全面贯彻落实双赢多赢共赢的监督理念，最大限度发挥检察建议的作用。

为让监督发挥实效，推动该执行案件真正落到实处，承办人先后找到市场监督管理局承办该行政处罚案件的执法人员和法规科科长进行询问调查，经询问得知，由于职务调动，该行政案件几经更替办案人员，在该案申请法院强制执行后，由于办案人员和法规科之间互相推诿，导致对案件后续跟进不足。此外，承办人还了解到，儋州市市场监督管理局相关工作人员对被执行人法人代表何某及其丈夫朱某在儋州市某镇某村委会经营儋州市某培训学校至今的事实，认为被执行人是具备履行能力的，但在向儋州市人民法院申请强制执行时提供的材料明细中并未提供被执行人的财产线索，在执行期间也未向儋州市人民法院报告该财产线索情况，主动配合法院执行工作不够。

为发挥行政检察"一手托两家"的职能定位，我院先后向儋州市人民法院和儋州市市场监督管理局发出检察建议。儋州市人民法院和儋州市市场监督管理局均采纳检察建议内容，最终该案所涉罚款和滞纳金全部执行完毕。

第四，注重办案效果，实现"三个效果"有机统一。校园食品安全卫生关系到学生的健康，学生的健康牵动着千万家庭的心，不能就案办案，既要守住"不违法"的底线，又要遵循人民利益的"内心法"，注重政治效果、社会效果、法律效果有机统一，实现"1＋1＞2"的效果。

该案中，儋州市某培训学校有在校小学生近 300 人，办学以来一直无证经营学校食堂，学校食堂环境脏乱，工作人员无健康证明，对学校学生的健康造成很大的隐患。该案的成功办理，一方面，对法院错误结案，怠于执行的问题进行了纠正，督促法院积极采取执行措施，执行完相关罚款。同时，指出了行政机关长期以来在非诉执行工作中存在的问题，并督促行政机关重视非诉执行工作，积极主动配合法院，最终使得该案 6 万元罚款全部执行到位，行政处罚权落到实处；另一方面，市法院和市场监督管理局在执行过程中，对被执行人进行了批评和教育，通过对违法者责任追究到位，体现了执法必严、违法必究的法治要求，取得了较好的政治效果、社会效果、法律效果。

张某等 13 户与重庆市某区国土资源局、某区统征办房屋拆迁行政协议行政抗诉系列案

【关键词】

征地补偿安置协议　抗调结合

【案例简介】

2015 年 3 月，重庆市某区统征办与张某等人签订了《房屋拆迁安置协议书》。2015 年 12 月，重庆市人民政府作出《关于某区土地征收的批复》，张某等人的房屋属于被征收范围内。2016 年 4 月某区政府作出补偿方案批复。2016 年 5 月，某区的征地补偿标准大幅度提升，张某等 13 户意图按照新的标准获得补偿，遂以涉案的征地项目中存在"未批先征"为由，起诉至人民法院，请求判决双方签订的《房屋拆迁安置协议书》无效。某区人民法院审理认为"未批先征"所签订的补偿安置协议不属于2014 年《行政诉讼法》第 75 条规定的应判决行政行为无效的情形，于2018 年 3 月判决驳回张某等人的诉讼请求。张某等人上诉，二审法院于2018 年 6 月判决驳回上诉，维持原判。张某等人不服二审判决，申请再审被驳回。

经调查核实，检察机关查明张某等人与某区征地办所签订的安置协议书中的补偿费用中住房安置只有货币安置一种选择，且不包括未成年人的安置补偿费每人 3.5 万元。2019 年 11 月，重庆市人民检察院以原判决适用法律确有错误，诉讼程序违法为由向重庆市高级人民法院提出抗诉。同时考虑到本系列案件虽有 13 户农户提起行政诉讼，但整个项目涉及 129户，为有效化解矛盾，检察机关加强与行政机关、法院沟通协调，凝聚化解合力；多次上门走访、召开座谈会与群众交谈交心，使张某等人认识到要求按照新的征收补偿标准予以赔偿并不合理，推动张某等人合理修正诉求。重庆市高级人民法院裁定再审后指令重庆市第三中级法院再审此系列案。2020 年 7 月 15 日，张某等 8 名征地农户向人民法院提出撤诉申请。7月 16 日，再审法院对该 8 案作出撤销一审、二审判决、准予撤回起诉的裁定。其余 5 件案件申请人也均承诺息诉息访。当日，行政机关向 13 户

农户支付了全部和解补偿款，张某等人签订息诉息访承诺书。同时本系列案还为该批 129 户征地农户争取到房屋安置或货币安置的选择权。

【意义】

在征收补偿案件中，已经按当时的标准补偿安置完毕，又要求按照新的征收补偿标准予以赔偿的，应不予支持，但对当时合法合理诉求未解决到位的，应予支持。检察机关对确有不当的法院判决应当依法抗诉，但又不"一抗了之"，结合案件实际情况促进争议化解。本案中，检察机关最终促成该系列案成功化解，避免了引发群体性的新矛盾，实现了"人民受益、政府满意"的双赢多赢共赢良好成效。

✏️ **办案心得体会**

检察机关"以抗促和" 老百姓五年拆迁"心结"终解开
——"以抗促调"推动13件涉拆迁行政争议实质性化解

石 娟 赵 锐[*]

"以法律监督之名、秉至公至诚之心，推动行政争议实质性化解，为政府分忧、让群众满意"，这是重庆市检察机关"5.10"系列案办案团队的切实体会。2020年8月，历经一年多的艰苦努力，重庆市检察机关最终促成申诉人和行政机关握手言和，一次实质性化解了13件行政争议案件，以检察机关的积极履职作为深入践行了新时期的枫桥经验。

第一，涉农土地房屋拆迁的申诉案件涉及面广，组建办案专门团队无畏艰难敢啃"硬骨头"。2019年5月10日前后，重庆市人民检察院第三分院（以下简称三分院）陆续接到多起农户不服法院关于征地拆迁纠纷的生效判决，申请检察机关行政监督的申诉案件，且当事人及其律师陆续多次到检察院当面申诉，人员众多，语气激烈。经初步核实，检察机关发现涉及该系列诉求的相关行政申诉案一共多达13件，13户农户30多人，3家行政机关，在该同一项目中虽未提起行政诉讼，但仍持观望态度的农户还有116户，且有进京访、到市访的苗头和倾向。如何结合全国检察机关正在开展的行政争议实质性化解专项工作，实现"小事不出村，大事不出镇，矛盾不上交，就地解决"，办案组开始了深入思考。在前期的接触中，无论是申诉群众，还是行政机关，当事人各方对于己方诉求的态度都非常强硬，要想取得实质性化解，检察机关面临的任务十分艰巨。

"老百姓对判决想不通不满意，就是我们行政检察监督的重点"。基于案件涉及面广且重大复杂，在市院的牵头下，组建了以三分院行政检察部门3名检察办案人员为前沿、市检察院行政检察部门2名专业检察官为指

---

[*] 石娟，重庆市人民检察院第六检察部副主任、四级高级检察官；赵锐，重庆市人民检察院第三分院第四检察部副主任、四级高级检察官。

导、涉案辖区行政检察部门 1 名检察官为协助的"5.10"系列行政申诉案专门办案团队,其中包括了 1 名博士后、2 名硕士研究生的专业性人才,对案件进行挂牌督办,专门负责实质性化解这一系列行政申诉案件。

第二,依法审慎调查,发挥专业团队优势找准案件"症结"。该办案团队发挥三级检察机关协同办案优势,迅速调阅了"5.10"系列案的 26 册案卷、走访了 13 名主要申诉人、多次实地查看拆迁红线图及安置房情况、与 3 家行政机关及 2 家法院交换意见,查明了系列案件事实及矛盾纠纷的关键点。原来,2017 年起,重庆市涪陵区张某等 13 户农户以"长寿—涪陵垃圾焚烧站"征地项目中存在"未批先征"情形为由,陆续起诉涪陵区规划和自然资源局、涪陵区国家建设统一征地办公室,请求判决相关房屋拆迁安置协议书无效,南川区法院、重庆市三中法院均驳回其诉讼请求。张某等一边四处上访,一边向三分院申请监督。在办案过程中,检察机关充分发挥检察调查权,查明了行政机关在与当事人签订拆迁补偿安置协议前未取得征地批复、补偿安置方案批准等严格的前置批准程序,人民法院存在应当释明却未予以释明的审理程序违法等,但是拆迁范围确实均在批复的红线图以内。2019 年 11 月,市检察院就其中程序违法突出、损害征地农户利益明显的 10 件案件向市高法院提出抗诉。抗诉书紧紧抓住原判的不足,抗诉理由针对行政相对人的诉讼请求与行政诉讼裁判事项的特殊性,像拨竹笋一般层层递进,对原判错误驳回行政相对人的诉讼请求作了四个维度的深入剖析,即从应当确认无效入手,到确认违法,再到剥夺行政相对人请求撤销行政行为的权利,最后落脚到行政程序违法对相对人的实际权利产生了不利影响,促使人民法院全方位地审视原审判决的错误和不当之处,为本案再审调解改判打下坚实的基础,并在一定程度上规范了人民法院对确认无效这一类案件的裁判方法,发挥了对司法裁判的引领作用。

第三,当事人多次反复,办案团队以抗促和、将心比心,至公至诚解纠纷。"抗诉不是初衷,改判也不是目的,怎么实现案结事了政和才是该办案团队的最终目标。"在案件进入正式的再审环节后,办案组敏锐发现到征地农户官司中存在"讨要说法"的倾向,行政机关解决问题的态度亦开始转向积极。办案团队斡旋中,双方有表达调解结案的意向。办案组迅速抓住这一时机,开始了"促和行动"。由于成年累月、剑拔弩张的多次诉讼,早已将当事双方的信任消磨殆尽,办案组第一次"促和"就以失败告终：农户不能理解为什么时间相差 1 个月补偿标准每人就要相差 5.7 万元（约 2.9 倍），强烈要求按照新的征地补偿标准予以"调标补差"；行政机关以片区尚有 100 余户类似拆迁户、调标没有政策法律依据等事由，拒绝农户的提出初步和解诉求。经过办案团队的不懈努力，多轮磋商，2020年 5 月和解工作迈出了实质性一步，行政机关对和解方案经数次讨论修改，再由办案团队经与申诉人代表沟通之后，申诉人方面最初没有异议。后来，在即将现场签署和解协议时，申诉人一方又临阵反悔提出标准太低，不愿意签署协议。"难点在于这不是单个案件，一个申诉人处理不好就会使系列案件处理不下去"，"群众工作必须要做深做细，才能打开他们的心结"，主办检察官团队敏锐地发现了这一点，经逐级向领导汇报和向市院请示，新的行动方案又迅速开展了起来。办案组每人认领 2 至 3 户，采取电话邀请、微信联系、入户促膝长谈、找村干部出面、请律师协助等多种方式，办案组人员各显神通，分工协同。又经过 2 个多月的艰苦努力，各申诉人终于理解到了检察机关为他们解决实际困难的良苦用心，也明白了行政机关给出的解决方案确实不能突破现行法律和政策范畴的由衷，最终一次性完成了所有息诉息访承诺的签署，圆满实现了"人民受益、政府满意"的办案效果。其中，提出抗诉的 10 件案件中有 8 件以撤销原判、准予撤诉的方式结案，另 5 件签订息诉息访承诺，解决了长达 5年多的"民告官"历史遗留问题，同时取得了涉拆迁领域实质性化解行政争议的重大突破。

何某与四川省某市公安局交通警察支队
行政登记检察监督案

【关键词】

车辆冒名登记　检察建议　实质性化解行政争议

【案例简介】

2016 年 7 月，四川省某市一电动车行员工持何某签名的《非机动车注册登记申请表》、身份证复印件等资料向该地交警大队车管所申请办理车辆登记，该车管所经审查确认后将车辆登记至何某名下。2018 年因该车辆实际持有人汤某驾驶中发生交通事故造成一人死亡，何某与汤某被死者近亲属起诉至法院。何某认为该车辆不属于其所有，未委托他人代为办理该车辆的注册登记事宜，遂向某区人民法院提起行政诉讼，请求确认登记行为无效，并撤销该行政登记。区法院认为该车管所在办理案涉车辆登记手续时严格依照了相关规定，原告主张其身份信息系被冒用未举证证明，于 2019 年 1 月判决驳回了原告诉讼请求。何某上诉至四川省某市中级人民法院，该院认为登记机关只承担形式审查责任，其已尽到了合理注意义务，于 2019 年 4 月判决驳回上诉、维持原判。何某不服二审判决，向省高级人民法院申请再审未获支持，后申请四川省某市人民检察院监督。

监督过程中，四川省某市交通警察支队认为《非机动车注册登记申请表》中"何某"的签名与何某本人的其他签名确实存在较大差异，他人冒用何某身份信息导致错误登记可能性极大。为减少当事人诉累、节约司法资源，检察机关经与当事人多次协调沟通，双方均愿意在检察机关组织下实质性解决争议，2020 年 3 月，何某提出书面注销申请后登记机关现场注销了车辆登记。

针对四川省某市交警部门在办理委托代理登记业务时只审核身份证复印件、不审核原件且此类情形较为普遍的问题，四川省某市人民检察院提出社会治理检察建议，督促严格执行法律规定，依法维护公民权利。该交警部门采纳了检察建议，书面回复表示将以案为鉴，已采取切实措施规范执法。

【意义】

本案中检察机关在办理一起冒用身份信息行政登记的行政诉讼监督案件过程中，通过协调沟通促使登记机关自愿改变行政行为，帮助申请监督人快速消除了风险隐患，有效化解了行政争议。同时坚持"穿透式"监督理念，对办案中发现的行政机关普遍存在的执法不规范问题提出检察建议督促纠正，预防了此类问题的再次发生。

📝 **办案心得体会**

以检察建议督促解决社会治理问题

顾万彬　陈祖港[*]

　　2019 年 12 月，承办人所在院受理了何某与绵阳市公安局交警支队因车辆登记行政诉讼纠纷申请监督一案。后该案成功办理被省检察院、最高检评为 2020 年行政检察优秀案例，以下是承办人办理案件的一些心得体会。

　　一是办案时要注重调查核实，查清案件事实是开展检察监督工作的基础。在办理行政检察监督案件时，检察官必须改变传统的"坐堂办案"模式，坚持审查与调查相结合，用好法律赋予检察机关的调查核实权，查清案件事实，为监督工作打好基础。受理该案后，承办人审查了法院诉讼卷宗，围绕《非机动车注册登记申请表》中"何某"签名的真实性、何某是否委托某市某镇电动车行员工代为办理车辆登记、某市交警大队车管所在办理车辆登记时是否审核当事人身份证原件、各方当事人的举证责任等事实与法律适用问题，分别听取了申请监督人、法院承办人、被诉行政机关的意见，进一步厘清了案件事实。在调查核实时，绵阳市交警支队比对何某承办人签名和《申请表》中签名后，认可二者确实存在较大差异，并认为确实存在他人冒用何某名义办理车辆登记的可能性。通过调查核实，承办人发现某市交警部门在办理车辆登记业务时普遍存在只审核身份证复印件而不审核原件的情形，仍然存在当事人身份信息被冒用的隐患，遂决定依法提出检察建议督促其纠正。

　　二是在要将实质性化解行政争议的意识贯穿于行政检察监督案件的办理过程中，切实解决行政检察监督案件的根本问题。2019 年底，高检院部署开展了行政争议实质性化解的专项活动，这对促进解决行政诉讼"程序

---

　　* 顾万彬，四川省绵阳市人民检察院第五检察部主任、四级高级检察官；陈祖港，四川省绵阳市人民检察院第五检察部检察官助理。

空转"、维护社会和谐稳定、助推国家治理能力和治理体系现代化具有重大意义。这要求检察官在办理行政检察监督案件时，不能就案办案，要树立主动化解矛盾纠纷的意识，运用多种方式化解行政争议。在办理该案时，承办人首先考虑的是法院在审理案件时是否存在认定事实不清、举证责任分配不当的错误，拟通过司法鉴定证明签名真伪或者找到向电动车行员工核实以查明案件事实后作出监督决定。但由于案涉车行已经未再经营，通过询问车行员工调查清楚案件事实的路径行不通；司法鉴定耗钱费时，不能在短时间内解决问题；而交警部门表示认可《申请表》中"何某"签名与其本人签名存在较大差异、他人冒用何某名义办理车辆登记可能性极大，综合上述情况，承办人决定采取有效措施，尝试更加快捷地化解该案行政争议。承办人多次听取了某市交警支队意见，并向其传达了检察机关实质性化解行政争议专项活动的精神，阐明了某市交警部门存在的问题，最终说服某市交警支队撤销错误的车辆登记。某市交警支队担忧何某在被告单位撤销登记后再次起诉确认某市交警支队行政行为违法与行政赔偿。承办人又听取了申请监督人何某的意见，其表示理解登记机关在被他人欺骗情形下出现登记错误的情形，唯一诉求是登记机关撤销车辆登记、消除风险隐患。检察机关背对背的多次协调沟通后，充分掌握双方当事人的真实诉求后，协调双方当事人达成和解，双方当事人均对处理结果表示满意。

三是在办案时要树立司法为民的理念，努力实现人民群众在每一个司法案件中都感受到公平正义。作为一名检察官，承办人时刻警醒自己，检察官办理的不仅仅是一个个案件，更是别人的人生，要坚持做到司法为民，始终把人民群众装在心中。尤其在办理行政检察监督案件时，申请监督的当事人相较于公权力机关行政机关和法院，其权利更容易受到漠视，需要检察官多倾听、换位思考、多想办法，努力在法律框架内实现保护行政相对人的权益。查清案件事实后，承办人对何某的遭遇深感同情，十分理解其诉求，其名下莫名登记了一辆车辆，该车辆发生交通事故后陷入民事纠纷，何某感觉很冤枉；虽然民事判决未让何某承担责任，但如果不撤销该错误的行政登记，案涉车辆还有可能发生新的事故造成新的纠纷，因此何某提起行政诉讼请求法院撤销行政登记，未得到三级法院的支持，这在何某看来就更冤枉了，因此承办人认为确实应当帮助何某解决撤销行政登记的实体权利问题，消除此后的风险隐患，这才能让何某今后的生活安心。对于采取何种监督方式而言，承办人也反复思考，考虑到何某因车辆登记问题已经参加了民事应诉和三级法院的行政诉讼，前后历时两年多，为此早已心疲力竭，如果本院向法院提出再审监督意见，该案又将陷入再审重审的诉讼程序循环，这对何某而言并不是最优的解决问题路径。通过本院协调沟通后，某市交警支队撤销了车辆登记，达到了何某的诉求，避免了给何某造成新的诉累，何某对此处理十分满意。

四是办案中要坚持"穿透式"监督理念，努力追求办理一案、治理一片的社会效果。行政检察肩负对法院公正司法、对行政机关依法行政的双重监督职责，要求检察官在办案时既要审查法院的裁判是否正确，也要对被诉行政机关的行政行为的合法性进行审查，对于前者的错误通过诉讼监督方式予以监督，对于后者的错误则应提出社会治理检察建议，督促行政机关纠正，通过办案实现一类问题的解决。在办理该案时承办人发现纠纷发生的根源是被诉行政机关未按照有关规定审查委托人、受托人身份证原件，未完全尽到审查核实的义务，而且这类情形在某市交警部门较为常见，于是向某市交警部门发出了检察建议。某市交警部门也从该案中汲取了经验教训，书面表示要以案为鉴，严格执行法律规定，并已采取多项措施避免以后类似情形的发生。

云南省白某某等 25 人养殖网箱拆除行政非诉执行检察监督案

【关键词】

非诉执行监督　政府信赖利益保护　行政争议实质性化解

【案例简介】

申请监督人白某某等 25 人系云南省某县李仙江附近村民，在县政府提倡和扶持下，众人未取得水域滩涂养殖证即在李仙江戈兰滩电站库区架设网箱及其附属设施进行养殖，部分村民还与县农村和科学技术局（下简称县农科局）签订了养殖协议。2019 年 6 月，县农科局作出《行政处罚决定书》，责令白某某等人限期自行拆除全部养殖网箱及所有附属设施。白某某等在法定期限内未申请复议，也未提起诉讼。诉权保护期过后，县农科局向白某某等发出《履行行政处罚决定催告书》，众人逾期未履行，县农科局遂向该县法院申请强制执行，2020 年 3 月，县法院作出准予执行裁定。

白某某等 25 人不服，认为在李仙江养殖是县政府提倡，强制拆除网箱会造成巨大的经济损失，故向县人民检察院申请监督。

某县人民检察院受理案件后，以维护地区稳定、服务大局为工作的出发点和落脚点，将高检院"加强行政检察监督促进行政争议实质性化解"的要求贯穿于案件始终。紧紧围绕保护养殖户的合法权益与水电站水域环境、防洪抗汛安全的协调发展相统一，通过多次与县农科局和县法院沟通、协调，对是否进行补偿、补偿多少等方面进行研究探讨；同时对申请监督人进行个别化、区分化的释法说理，并组织召开听证会，最终促成县农科局与申请人于 2020 年 6 月达成和解协议：对白某某等 25 人网箱拆除进行补偿，白某某等人同意自行拆除非法架设的网箱及其附属设施。双方均已按协议履行。

【意义】

本案中，人民法院行政非诉执行裁定并无不当，但养殖户是基于县政府的提倡和扶持进行生产，为此投入了大量财力和人力，申请人诉求确有正当性。检察机关在履行行政检察职能中，恪守监督权力边界，自觉贯彻落实"化解矛盾，为民解难、助力依法行政"，穿透式监督解决人民群众难以通过提起诉讼来维护的合法权益。最终养殖户合法权益得到保护，主动履行了处罚内容，生态环境、政府公信力、人民法院裁判权威亦得到保护，有力体现了行政检察监督双赢多赢共赢的效果。

办案心得体会

检察担当护生态　争议化解保民生

白顺福　张晓荣　白建华*

云南省红河州绿春县人民检察院立足检察职能，坚持以人民为中心的司法理念，充分发挥行政检察监督优势，科学运用化解手段，解决了一批"顽固"的行政争议。其中白某某等25人养殖网箱拆除行政非诉执行检察监督案，被最高人民检察院通报表扬。现将办案心得总结如下。

一、专项整治，引起争议

云南省绿春县境内河流均属红河水系，主要支流有李仙江、小黑江等河流，李仙江出境后汇入越南黑水河。2019年，根据上级党委政府的部署要求，云南省绿春县人民政府印发《关于云南省绿春县李仙江戈兰滩电站网箱养殖专项整治行动实施方案》，实施清理整治李仙江戈兰滩电站水域内影响防洪排涝、破坏生态环境的涉河违法网箱养殖行为。云南省绿春县农业农村和科学技术局在作出行政处罚后，涉案的25名养殖户拒不履行行政处罚决定，抵触情绪较高。在法院作出强制执行裁定后，养殖户多次向行政机关和法院反映困难，也向检察机关提出检察监督申请。

二、深入调研，现状堪忧

经初步审查，该系列案件可能涉及群体性事件，作为法律监督机关，维护社会稳定、促进官民和谐，是摆在新时代行政检察工作面前的考卷。县人民检察院以行政争议实质性化解活动为切入口，立即召开了专题会议。针对既围绕党委中心大局、又保障群众合法合理权益、如何参与社会

* 白顺福，云南省红河州绿春县人民检察院党组成员、副检察长、四级高级检察官；张晓荣，云南省红河州绿春县人民检察院第三检察部负责人、一级检察官；白建华，云南省红河州绿春县人民检察院二级检察官。

治理作了专门的研究部署，成立了由副检察长带头的专案组。

专案组多次深入村寨、李仙江边实地查看情况。李仙江河道杂乱无章的现状震撼了专案组：河道内漂浮着密密麻麻、大小不一的网箱，有的养殖户还在上面生活，大量的网箱养殖设施杂乱无章地随着江水漂浮，河边还有大量的生活、生产垃圾，环境污染严重。"整改刻不容缓！"专案组所有成员异口同声。随后，专案组便分组深入群众中，与群众进行交流，了解养殖情况以及养殖政策，倾听养殖户对拆除网箱的意见、困难和需求。

三、耐心引导、道出原委

原来，云南省绿春县大黑山镇和半坡乡李仙江附近村民以及部分县外、州外的养殖户，在云南省绿春县政府的支持、鼓励下，响应政策来到李仙江开展网箱养殖，部分养殖户还与云南省绿春县农业农村和科学技术局签订了养殖协议，并得到了一定的技术扶持，养殖户在政府的动员下，为渔业养殖购置了大量养殖设施。如今因生态文明建设以及防洪泄洪的需要，政府要拆除李仙江上的网箱养殖设施，禁止在李仙江上网箱养殖，也没有对养殖户给予合理补偿。一位从贵州远道而来的养殖户激动地说到："来李仙江养殖是政府引进来的，叫我在发展自己养殖的同时，把养殖技术传授给当地群众，带动群众大力发展网箱养殖。三年后政府又要我撤除养殖网箱，在我们万峰湖养殖户撤除网箱都有补助，某县也应进行补助！"

四、矛盾尖锐、执行困难

李仙江戈兰滩电站库区网箱养鱼不仅造成水资源污染、危害生态环境，部分养殖户网箱脱落，有的随河水漂流到下游，有的沉落水底，给防洪泄洪、下游戈兰滩电站坝堤以及下游百姓的生命财产带来安全隐患，与生态文明建设不相符，整治和取缔李仙江戈兰滩电站库区无证养殖设施，是保护李仙江国际河流水资源，保护国家和人民群众生命财产安全的重要举措。但是面对即将被强制拆除的网箱，养殖户认为当初是政府鼓励购置养殖设施，目前，部分养殖的鱼尚未达到出售标准，无人收购，现在又要拆除网箱，养殖户不愿意配合执行。鉴于上述情况，云南省绿春县人民检察院及时向上级院请示汇报，经上级院"问诊把脉"，聚焦案件争议的焦点："养殖户是否应当得到补偿，减少损失？"结合前期摸底调查和走访行政机关的情况，养殖户前期投入了一定的资金，提出补偿诉求具有一定的合理性，应当建议行政机关给予适当的补偿。行政机关对检察机关提出的方案予以采纳，同时，参照云南省其他州、市的做法，经法院、检察院、行政相关部门共同磋商后达成初步的"拆除奖补"方案。为进一步化解争议打好基础，检察机关还召开听证会，搭建了一个养殖户与行政机关之间的平等对话平台，听取行政相对人和行政机关的意见。经过沟通，双方对拆除网箱给予一定奖补没有意见，但是养殖户认为奖补标准过低。一名养殖户说："当时我去农业局办的是养殖证，可没想到办下来的是养殖协议，我现在养殖的鱼近 20 吨，今年因疫情至今一条都没出售，现在政府要求拆除网箱，可补助的资金太低，我不同意拆除。"另一养殖户附和："我刚买了数万元的鱼苗，可获得的补助才是几千元，我不同意拆除。"……现场的养殖户对奖补方案不满意，前期自行拆除的养殖户听说有拆除奖补纷纷提出他们也要补偿。

五、争议化解，官民和谐

为了能够有效化解争议，专案组的检察官废寝忘食、不辞辛劳，在乡镇连续扎根 16 天，每天进出养殖户家中和养殖现场。从拆除网箱养殖是维护生态环境、防止水污染，是为了子孙后代等方面对养殖户进行释法说理，又积极协调行政机关，保障行政相对人的权益。通过开展释法说理，养殖户对专案组的工作非常满意，其中一名养殖户真诚地说："我相信检察院会给我们一个满意的结果，也明白了拆除网箱的重要意义，只要政府给予我们适当的补偿，我们会积极配合政府拆除网箱，维护绿水青山。"

在专案组的努力下，最终促成行政相对人和行政机关现场和解，以拆除每口网箱奖补 180 元的标准，对白某某等 25 人共计 1023 口网箱进行奖补，有的养殖户签订协议当天就开始对养殖设施自行拆除。某县农业农村和科学技术局对白某某等 25 人奖补 18.414 万元。针对前期自行拆除养殖设施的养殖户，一视同仁，进行同样标准的奖补，以维护社会稳定，真正实现了案结事了政和。

该系列案件的成功办理，体现了基层检察官时刻牢记宗旨、使命，把化解矛盾争议作为基层检察工作的出发点和落脚点，为地方经济发展，人民群众安居乐业提供检察助力。

甘肃某生态农业有限公司等19家食药企业
行政处罚非诉执行检察监督系列案

【关键词】

食药安全　行政处罚　行政非诉执行

【案例简介】

2017年至2018年，某市市场监督管理局对甘肃某生态农业有限公司等19家食药企业以违法生产经营禁止生产经营食品、生产经营不符合食品安全标准、经营未依法注册的第三类医疗器械等为由，分别罚款8.5万至5万不等。19家企业未履行处罚决定，也未在期限内提出复议或提起诉讼。经催告后，上述企业仍未履行，市市场监督管理局遂向某区法院申请强制执行。法院裁定准予执行，其中7件案件超期办理。执行过程中，在法院的主持下，市市场监督管理局与其中14家企业达成和解协议，减免罚款本金70.5万元。

2020年5月，某市人民检察院在落实高检院食品药品安全"四个最严"专项活动和甘肃省院食药安全领域行政非诉执行监督专项活动中发现上述案件线索。经审查认为，行政处罚一经作出即具有法律效力，非经法定程序变更或撤销，不能否定其效力。某市市场监督管理局与14家企业达成减免罚款本金的执行和解协议，违反《行政强制法》第42条关于仅能减免加处的罚款或者滞纳金的规定，变相改变了行政处罚决定，损害了国家利益和社会公共利益。甘肃某生态农业有限公司等19家食药企业虽均是民企，但其生产经营也应遵守法律规定。同时，法院在审理中超期办案，亦属严重违法。据此，某市人民检察院分别向某市市场监督管理局和某区人民法院发出检察建议，建议行政机关继续向法院申请执行未执行到位的罚款，建议法院按照法律规定恢复执行，纠正超期办案情形。接到建议后，市场监督管理局回复称已向法院提出继续强制执行申请，法院回复称已恢复执行，并将严守办案期限。

【意义】

本案中，法院在执行过程中对14家企业进行调解，违法减免罚款本金，变相改变了行政处罚决定，不利于惩治食药领域违法行为。行政检察"一手托两家"，通过依法履行行政非诉执行监督职能，在纠正法院和行政机关违法行为的同时，也使食药违法者得到应有处罚，有力守护了人民群众"舌尖上的安全"。同时，本案采取类案监督方式，也提升了法律监督的层次效果。

📝 **办案心得体会**

加强类案监督　践行共赢理念

刘小平　陈　峰*

庆阳市人民检察院办理的甘肃某生态农业有限公司等 19 家食药企业行政处罚非诉执行检察监督系列案获评高检院 2020 年度行政检察优秀案例，现就办案体会汇报如下：

第一，提高思想认识，充分发挥行政非诉执行监督"一手托两家"的重要作用。行政非诉执行是行政机关作出的生效行政行为，负有义务的一方当事人在法定期限内不复议，不提起行政诉讼，也不履行行政决定，没有强制执行权的行政机关依法申请法院强制执行的案件。加强行政非诉执行检察监督，既有利于解决行政检察作用发挥难问题，补齐行政检察短板，实现检察工作全面协调充分发展，也有利于推动解决"执行难""执行乱"问题，促进法院依法执行和行政机关依法行政，维护司法公正和行政权威，维护国家利益、社会公共利益和行政相对人的合法权益。我们始终高度重视行政非诉执行监督工作，不断强化思想认识，注重发挥行政非诉执行监督"一手托两家"的重要作用，不断做实行政非诉执行监督，完善新时代行政检察新格局。

第二，注重服务大局，着力维护"舌尖上的安全"。"民以食为天"，食品、药品安全关乎广大人民群众身体健康和生命安全。全市检察机关从落实以人民为中心的发展理念和推进健康甘肃建设的高度出发，切实把加强食药领域行政案件办理作为行政检察服务大局、保护民生的重要突破口和切入点，积极部署食药领域行政非诉执行监督专项行动，着力维护"舌尖上的安全"。在案件办理过程中，将专项行动与常态化疫情防控以及服务优化营商环境相结合，既从严打击了食品药品领域违法行为，又督促了

---

* 刘小平，甘肃省庆阳市人民检察院第五检察部主任、三级高级检察官；陈峰，甘肃省庆阳市人民检察院第五检察部二级检察官。

法院依法执行和行政机关依法行政，还推进了社会综合治理，彰显了检察机关服务当地经济社会发展、保护人民群众合法权益和公正司法的履职担当。

第三，部署专项行动，全力破解"无米之炊"困境。行政检察案件来源匮乏，当事人申诉案件较少，部分基层院甚至市级院都面临无案可办情况。专项行动能够统一思想认识，聚焦问题所在，提升监督效果，扩大监督影响，对于推进行政检察工作具有重要作用和意义。我们坚持抓重点带一般，以专项行动推动行政检察工作全面开展，进而推进整体办案规模，全力破解行政检察"无米之炊"困局。经前期充分调研，我们主动走访法院和行政机关，了解到全市市场监督管理局近3年来有700多件食品药品安全领域行政处罚案件。经认真评估，我们依托食药领域"四个最严"专项行动，积极部署开展了全市食品药品安全领域行政非诉执行监督专项行动。截至专项行动结束，全市检察机关共发出食药领域行政非诉执行监督检察建议21件，有力提升了行政非诉执行监督乃至整体办案规模。

第四，加强沟通协调，认真践行"双赢多赢共赢"理念。检察监督不是挑毛病、找瑕疵，而在于指出问题，解决问题，着力实现"双赢多赢共赢"。全市检察机关高度重视与行政机关和法院的沟通协作，争取支持理解，努力达成共识，形成监督合力。市院与市场监督管理局共同研究制定了《关于联合开展落实食品药品安全"四个最严"要求专项行动的实施意见》《关于在行政非诉执行和公益诉讼工作中加强协作配合暂行办法》，为做好食药领域行政非诉执行监督专项行动提供了制度保障。市院主动邀请市市场监督管理局食品药品领域分管领导、一线行政执法人员召开座谈会，详细介绍了行政检察的职能定位，传递"双赢多赢共赢"理念，是帮忙而非添乱，打消了行政执法机关不愿意接受监督的顾虑，确保检察监督取得实效。

第五，强化精准监督，切实维护法律"底线红线"。以精准监督为指引，主动调取法院和行政机关卷宗，认真调查核实，查明案件事实，准确适用法律，确保监督的针对性和准确性。行政处罚一经作出即具有法律效力，非经法定程序变更或撤销，不能否定其效力。行政强制法规定了"实施行政强制执行"时，"当事人采取补救措施的，可以减免加处的罚款或者滞纳金"，但并没有规定可以减免罚款本金。本案中，行政机关与被执行企业在执行中达成和解协议，变相改变了行政处罚决定，超越了法院和行政机关的职责权限。即使上述企业是民营企业，但服务民企发展亦应在法律限度内，而不能突破法律底线和红线。通过检察机关的监督，以及反复沟通，行政机关和法院最终认识到自身错误，接受了检察机关的检察建议，上述案件现已全部按照审判监督程序予以纠正。该案的精准监督，达到了办理一案，影响一片的良好效果。

曾某与青海省某县住房和城乡建设局
房屋行政登记行政抗诉案

【关键词】

房屋行政登记纠纷　原告主体资格　提出抗诉　当庭和解

【基本案情】

张某与前夫离婚，儿子曾某由张某抚养。2008年，张某再婚，曾某随母亲张某与继父更某一起生活。2009年12月，更某与某房产公司签订《商品房屋买卖合同》，后将房屋抵押贷款并办理《房屋他项权证》。2013年9月5，因更某提前还款，当地住建局将该《房屋他项权证》注销。经更某申请，房产公司将买受人为更某的《商品房买卖合同》撤销，重新出具买受人为拉某（更某母亲）的《商品房买卖合同》，并将该房屋《销售不动产统一发票》中的付款方由更某变更为拉某。后经更某、拉某申请，住建局向拉某颁发《房屋所有权证》。2014年，张某起诉离婚，并要求对涉案房屋进行分割，在判决前，张某病故。

2016年4月，曾某不服县住建局颁发给拉某的《房屋所有权证》的行为，向某州某县人民法院提起行政诉讼，2016年10月，法院驳回曾某的诉讼请求。曾某提出上诉，2017年3月，某州中级人民法院二审判决撤销一审行政判决，要求住建局撤销颁发给拉某的《房屋所有权证》，住建局依法作出新的行政行为。曾某以二审判决遗漏诉讼请求为由向省高级人民法院申请再审，2017年11月省高级人民法院裁定指令某州中级人民法院再审，裁定撤销一审、二审判决，以曾某不符合原告主体资格为由，驳回起诉。

2018年6月，曾某向检察机关申请监督。青海省人民检察院经审查认为，由于住建局的行政行为导致涉案房屋产权变更，对曾某合法继承的遗产份额产生了不利影响，曾某具有原告资格，同时曾某在二审期间提起民事诉讼尚未审结，某州中级人民法院判决驳回曾某的起诉，存在严重程序违法。据此，2019年1月，青海省人民检察院依法向省高级法院提出抗诉，同时了解申请人实质诉求和当事人和解意愿，促进行政争议实质性化解。2020 年 5 月省高级法院作出裁定，因曾某法定代理人与原审第三人更某达成和解协议并当庭履行完毕，曾某与更某之间的纠纷已实质化解，裁定终结再审程序。

【意义】

检察机关从维护未成年人合法权益的角度出发，针对民行交叉的案件，按照"找准案件诉源、查证案件事实、坚持以抗促和、了解和解意愿、检法通力协作、促成案结事了政和"的思路，针对法院裁判原告主体资格认定错误、审判程序违法两项事实依法提出抗诉，同时促成当事人和解，实现案结事了政和。

✏️ 办案心得体会

"少年的你"权益我们来维护

姜 娟[*]

2018 年 6 月，曾某向某州人民检察院申请监督，该院承办检察官经调阅案卷，调查取证，反复研判、检委会讨论后提请青海省人民检察院抗诉。青海省检察院审查后认为，由于住建局的行政行为导致涉案房屋产权变更，对曾某合法继承的遗产份额产生了不利的影响，曾某具有原告主体资格，同时曾某在二审期间提起民事诉讼尚未审结，某州中级人民法院判决驳回曾某的起诉，存在严重程序违法。据此从维护未成年人合法权益的角度出发，针对民行交叉的特点，按照"找准案件诉源、查证案件事实、了解和解意愿、检法通力协作、坚持以抗促和、促成案结事了政和"的思路，向青海省高级人民法院提出抗诉。总结本案办理过程中的经验和做法，承办人有以下四个方面的心得体会：

一是精准适用法律是做好行政诉讼检察监督的前提。该案争议的焦点和核心问题是曾某是否具有继承张某遗产的法定权利、曾某与住建局行政登记颁证行为是否有利害关系、曾某是否具有原告主体资格等。检察机关秉持客观公正理念，在开展调查核实，厘清相关法律关系和行政争议焦点的基础上，一方面，精准适用《行政诉讼法》第 25 条第 1 款关于"与行政行为有利害关系"的立法原意，从保护未成年人事实性利益的角度出发，准确判断涉案标的具有行政诉讼法上的保护价值，以灵活、务实、开放的积极态度理解"利害关系人"标准，即，虽然不是行政行为的相对人，但受到行政行为效力波及而受到影响的人，或当具体行政行为对公民法人或者其他组织的权利义务产生了实际影响，原则上该主体就具有行政诉讼的原告资格。另一方面，精准适用最高人民法院《关于审理房屋登记案件若干问题的规定》第 8 条的规定，针对法院在相关民事案件尚未审

---

* 姜娟，青海人民检察院第七检察部三级高级检察官。

结，径行对关联行政案件作出裁判，认为程序严重违法。因此，精准适用法律为实质性化解行政争议提供了刚性检察支撑。

二是找准案件诉源、查明案件事实、了解和解意愿是做好行政诉讼检察监督的基础。本案属民事与行政争议交叉的监督案件，承办检察官通过阅卷、走访、询问、核查、分析研判找准案件诉源，查明住建局作出行政行为时违反了《房屋登记办法》（已失效）第 7 条、第 25 条的规定，在相关证明材料不齐全的情形下颁发权证，存在违法情形。同时，认真听取双方当事人的诉求，找准双方当事人的思想疙瘩，紧紧抓住双方当事人有调解和解意愿、可以协商、调处概率高的特点，压茬推进行政争议的调处工作。为以抗促和奠定了事实基础。

三是检法通力协作是行政争议实质性化解的基础保障。检察机关提出抗诉后，一方面，多次主动与人民法院承办法官和部门负责人沟通交流，适时召开庭前会议，共同研究案件争议焦点、分析证据运用、研讨法律适用问题，并在分别做好双方当事人的调解和解工作上达成一致共识，制定调解和解工作方案，为行政争议实质性化解奠定良好的协作基础；另一方面，承办检察官和部门负责人通过定期会见、上门走访、电话沟通等方式，推心置腹、耐心细致地向申请人讲清讲透相关法律关系，促进行政争议实质性有效化解。

四是落实领导包案制度是行政争议实质性化解的力量支撑。对案结事不了、争议化解难、定纷难度高的行政诉讼"老大难"案件，检法两院强化检法工作对接，部门负责人和办案检察官、法官坚持"谁主管、谁负责"的原则，紧跟案件，下沉到底，严格落实两院领导化解争议包案制度和主体责任，直接协调解决争议化解中遇到的困难和问题，确保行政争议化解工作顺利推进。

日前，最高人民检察院对"加强行政检察监督、促进行政争议实质性化解"专项活动中的 100 件优秀案件予以通报表扬，该案作为优秀案件名列其中。同时，该案又获评"2020 年度行政检察优秀案例"。这是高检院对我省行政诉讼检察监督工作的关心和支持，我省各级检察机关将不负期望，总结经验，常态化持续做好实质性化解行政争议工作，为维护人民群众合法权益履职尽责，为推进国家治理体系和治理能力现代化建设贡献行政检察力量。

某水泥公司与新疆维吾尔自治区某市人民政府、某房地产公司土地行政行为检察监督案

【关键词】

行政争议实质性化解　　国企职工住房安置

【案例简介】

2008年，新疆维吾尔自治区某市政府为解决水泥公司国企职工住房安置问题，将划拨用地34.76亩挂牌出让，某房产公司取得了该宗地的土地使用权。房产公司对于该宗土地按规定进行了开发，但在具体施工时，却在挂牌出让土地毗邻的16.37亩土地上实际开发建设，引起水泥公司不满并发生纠纷，施工陷于停滞，安置住房问题久拖未决。后因水泥公司职工不断上访，某市政府在房产公司不同意变更登记的情况下，将土地使用权证予以注销。房产公司不服提起行政诉讼。2016年7月，某州中级人民法院作出一审判决认为，对于土地使用权证的变更和注销须有法定事由并依法进行，市政府撤销房产公司的土地使用权证程序违法，遂判决撤销该行政行为。市政府、水泥公司不服一审判决，向新疆维吾尔自治区高级人民法院提起上诉，2017年6月，二审判决维持原判。水泥公司申请再审未获支持，后向自治区人民检察院申请监督。

自治区人民检察院经审查认为，终审判决并无不当，但同时发现本案中政府在被法院撤销行政行为后，再未实际处理，矛盾被长期搁置，因此本案有实质性化解的必要性。遂将此案作为重大案件上报最高人民检察院，被列为第一批行政争议实质性化解挂牌督办案件。

自治区人民检察院成立专案组驻扎当地专办此案，在31天的办案过程中，专案组进行了扎实的调查取证，经与市政府多次对接协调后，促成召开协调会，经过多轮讨论，最终达成解决方案，由房产公司继续开发建设后续的125户国企职工老房改造安置项目，州市政府给予政策支持，对于项目开发过程中房产公司欠缴的费用应收尽收，并提出先安置后开发，确保工程质量等要求，三方达成一致。2020年11月23日水泥公司撤回监督申请并向自治区人民检察院赠送写有"人民检察为人民，实质化解解

民忧"的锦旗。

【意义】

本案因土地权属问题无法推进民事诉讼，国企职工搬进新居的愿望遥遥无期，检察机关多方评估论证后认为本案应纳入实质性化解范围并持续化解到底，最终持续 12 年的土地争议得到圆满解决，使 125 个家庭住有所居，同时维护了各方合法权益，真正做到多赢共赢。

📝 **办案心得体会**

寻真悟道化争议　追本溯源解民忧

陈志敏[*]

习近平总书记在 2020 年 5 月 29 日中央政治局学习民法典重要讲话中指出："畅通司法救济渠道，保护公民、法人和其他组织合法权益。"解决行政争议是立法赋予行政诉讼监督的重要任务。

张军检察长指出，行政争议实质性化解确实很难，但解决的是老百姓"天大的事"。办好老百姓"天大的事"就是我们检察机关的神圣天职。天大的事无论多难，我们都不能避而不办。

2020 年 11 月 1 日，伴随着"关于某水泥公司行政诉讼案行政争议实质性化解"三方联席会议的圆满召开，一场持续了长达十余年的土地纠纷终于以政府、安置职工所在企业、房地产开发商共同签订和解协议的方式得以解决，案件涉及的几百户国企职工的住房安置问题有了切实可行的方案和推进计划，检察机关在这个案件的办理中通过行政检察职能的发挥，在政府、企业、开发商之间"穿针引线"，沟通协调，有力地推动和促进了案涉土地纠纷的解决，在督促政府履职的同时，实实在在做到了人民检察为人民，以办理案件为契机，解决民生问题，造福当地百姓。

2019 年初，因不服法院对该行政诉讼的裁判，案件第三人某水泥公司找到自治区人民检察院申请检察监督，本案系最高人民检察院首次挂牌督办的案件，因案件案情复杂、社会影响较大、涉及人员众多，自治区人民检察院在受理案件后，高度重视，迅速做出安排部署，抽调办案骨干成立专案组，由自治区人民检察党组成员、副检察长买吐送·吐地买买提包办此案，第七检察部副主任石钰任专案组组长进行办案督导，抽调阿克苏地区拜城县人民检察院第二检察部主任陈志敏、库尔勒铁路运输检察院第二检察部主任耿凡为专案组成员，具体办理该案。办案组在 37 天的办案过

---

* 陈志敏，新疆维吾尔族自治区阿克苏拜城县人民检察院第二检察部主任。

程中，始终秉承细致、扎实、高效的办案风格，先后查阅案件材料数百份，召开案件讨论会 8 次，询问证人十余人、调取证据数十份、动用无人机进行高空定位拍摄一次、走访巴音郭楞蒙古自治州、库尔勒市政府及多个相关行政职能部门、组织、协调、参与召开联席会议两次，通过一系列工作的开展，全面客观的掌握了案件事实，为最终案涉纠纷的解决打下坚实的基础。

案件的办理对于诉讼涉及纠纷的解决体现出实质性的解决效果，即对于纠纷的解决不是停留在表面而是深度的解决，通过与多方当事人的沟通，了解各自诉求，督促政府拿出方案，调查核实方案的可行性，在各方的"角逐"中引导大家寻求一个平衡，将案涉 16.37 亩土地的侵占问题、125 户职工的住房安置问题、政府职能的发挥问题等进行全面的综合考虑，在检察机关的主导下，借助政府的属地影响力，依法搭建矛盾化解台，共同促进问题的解决，推动行政争议化解，修复社会关系，增强执法、司法公信力，维护党和领导的形象，赢得群众的信赖与支持。

该案件之所以能够成功化解，我作为专案组成员有以下几点心得：

一是领导包案，头雁效应。检察机关的重视，领导带头包案，对于与政府的沟通、协调，案件是否能成功化解起决定性作用。

二是阅卷。认真细致阅卷，了解、掌握案件基本情况，梳理涉案单位及行政部门，确定案涉法律关系，了解矛盾争议焦点。

三是走访。走访申请人了解案件情况、最终诉求；走访行政相对人了解案情，了解其对案件的看法，想如何解决；走访行政部门了解情况。综合了解案件整体情况，研究讨论案情。

四是调证。调取案件全部证据。

五是核证。现场踏勘，了解现场真实情况。

六是再阅卷。根据走访、调证、核证情况再次阅卷，从中发现申请人、行政相对人、行政部门等各自存在的违法违规线索，为沟通协调增添筹码。

七是沟通协调。释法说理，引导督促各部门自行提出合理方案。

八是促和解。通过听证会、圆桌会、推进会、协调会等多种形式督促、促成和解，最终达到行政争议实质性化解，实现案结事了政和。

附录　相关新闻报道

2020 十大行政检察典型案例是这样诞生的

杨 波[*]

近日，由最高人民检察院第七检察厅与中国法学会行政法学研究会共同组织的 2020 年度十大行政检察典型案例评选结果揭晓。这是自 2018 年最高检第七检察厅成立以来，首次发布年度典型案例，也是最高检行政检察部门首次和行政法学界共同组织行政检察典型案例评选活动。

获评的十大典型案例涉及行政登记、行政强制、行政处罚、行政复议、行政赔偿等多种类型，解决的都是老百姓的操心事烦心事揪心事，一经发布便引发了社会广泛关注。很多人好奇，这些案例是怎么被筛选、评定出来的？承办检察官是如何把这些案子办成了典型案例？请跟随记者的采访，去看看 2020 年度十大行政检察典型案例是怎样"诞生"的。

一、从上百件中精选 30 件

2020 年 11 月下旬的一天，一次寻常的学术研讨会后，最高检第七检察厅的检察官们和中国法学会行政法学研究会的学界专家达成共识——在全国检察机关开展一次行政检察典型案例征集活动，共同组织评选出最具代表性的"十大案例"。

"这个想法之所以得到大家的一致响应，因为自 2018 年底行政检察单设机构以来的两年里，行政检察工作发展迅速，各地办理了一大批取得良好效果的行政检察监督案件。通过组织评选活动，既是对两年来各级检察院行政检察部门办案工作的一次总结，也是对今后提升办案质效的一次指导。"最高检第七检察厅主办检察官张立新告诉记者。

---

[*] 杨波，《检察日报》记者。

2020 年 12 月 8 日，最高检第七检察厅正式下发通知，向全国各级检察院征集 2020 年行政检察部门办理的典型案例。通知中明确要求，各省报送数量最多不能超过 3 件，重点选取在涉民生、涉民企、服务"六稳""六保"、服务工作大局等领域取得良好办案效果的案例。

"经过各地严格选拔，我们共收到全国检察机关报送的 104 件案例。"张立新介绍说，此后一周，第七检察厅从多个检察院抽调人员组成专门的评审小组，从法律、程序、效果三方面入手，制定详细的评选标准，优中选优，筛选出 40 件质量较高的案例，进入专家初评环节，通过专家单独打分和按分数排名，再从中筛选出 30 件进入网络投票和专家定评环节。

"可以说，能够入围'30 强'的，都必须是能经受住大众评委和专业评委双重考验的过硬'选手'。而对于每一件各地报送的案例，评审小组都会详细说明入选或未入选理由。"张立新说。

二、接受公众和专家的双重考量

2021 年 1 月 11 日早上 8 点，最高检微信公众号准时发布了一条信息——《2020 年度十大行政检察典型案例，请你来选!》，很快，朋友圈被刷屏;5 小时后，这条信息的阅读数就突破了"10 万+"。

不少行政检察干警对当天的情形记忆犹新:各地同行自发地掀起了投票信息的转发热潮;工作群里，大伙儿抑制不住内心的兴奋，"太激动了""这是行政检察的高光时刻"……网友留言令人感动，"切实解决了人民群众的烦心事，点赞!""我干了三十多年的检察工作，深知每一个成功案件背后的汗水和付出""一件件典型案例，凝聚着行政检察干警的心血，反映着行政检察高质量发展的成果"。

"为什么要引入网络投票环节?这与行政诉讼案件的特点有关。"张立新告诉记者，行政诉讼被通俗地称作"民告官"，涉及的都是百姓身边的事，如房屋产权登记、征收补偿、工伤认定、养老保险、结婚登记等等，都与群众利益密切相关。通过网络平台把这些具有典型意义的案件推广出去，很容易引起公众共鸣，也拉近了行政检察与百姓的距离，更起到了很好的普法宣传作用。

据了解，经过大众评选后，30 件入围案例还要经过更加严格的专业考量——由中国法学会行政法学研究会组织 15 名专家对 30 个参选案例分别打分排序。最终，综合公众投票和专家打分，确定十大行政检察典型案例和 20 件优秀案例对外发布。

"密切检学合作交流，是这次评选活动的创新之处。在定评环节由专家对案件进行深入点评，实现了检察机关与行政法学界密切合作交流的新跨越，贯彻了双赢多赢共赢理念，同时，通过发挥专家学者的'智库''参谋'作用，可以帮助办案人员看到在具体办案实践中看不到的角度，对今后的办案工作起到很好的指导和提升作用。"张立新介绍说。

三、入选案例解决了群众"天大的事"

第十五次全国检察工作会议指出，检察机关办理的案件绝大多数发生在群众身边，常见多发，无不关乎法律、政治，厚积或侵蚀公平正义，都是"天大的案件"。

可以说，当选的 2020 年度十大行政检察典型案例，件件都是这样的案件，它们就发生在群众身边，看上去都是些微不足道的"小案"，可对于当事人来说，件件都是"天大的事"。

2018 年 2 月，山西某企业职工王某凤等 45 人在北京购买的房屋因被认定为违建，被政府强制拆除，于是王某凤等人分别就限期拆除通知、强制拆除行为、行政赔偿等提起 144 起行政诉讼，均被法院驳回。此后，他们就部分案件到北京市检察院第一分院申请监督。承办案件的检察官仔细审查案件材料后，专门赶赴北京市某区、山西省大同市等地进行实地调查核实，了解了当事人的真实诉求，查清了矛盾症结。

最终，历时 5 个多月，经过 9 轮磋商，检察机关通过民事和解推动行政争议化解，一揽子解决了涉案各方 10 余年来想解决而没有解决的问题，赢得了百姓的理解、信任和认可。

2020 年 10 月 10 日，福建省闽侯县民政局撤销了姚某 6 年多前与一个冒名为"莫某"的女子的婚姻登记。那个带着彩礼、在结婚登记第二天就不见踪影的"新娘"，让姚某焦头烂额，直到 2020 年 7 月，他走进检察机关申请监督，福建省三级检察院通过行政争议实质性化解"路线图"机制，用三个月时间成功化解了困扰他近 7 年的烦心事，让他和女友顺利办理了婚姻登记手续，终于成为一对合法夫妻。

提起这起案件，承办检察官、闽侯县检察院第四检察部主任赵福璋依旧很感慨："小孩因为没有户口面临无法入学的困难，当事人却没有选择上访，而是坚持用法律途径来维护自己的权利，难能可贵。"他告诉记者，通过办理这起案件，他更加深刻地感悟到了何为"把群众的事当成自己的事"。"推荐这个案子参评，最重要的目的是希望通过对外传播，能让更多的群众知晓遭遇此类事情后的救济途径，为相关单位提供可复制可推广的解决问题的样本，也为其他兄弟检察院提供参考借鉴，更好地解决困扰群众的操心事、烦心事。这或许就是发布典型案例的意义所在吧！"赵福璋说。

2008年5月7日15时许，家住黑龙江省鹤岗市的张某下班途中驾驶摩托车与拖拉机相撞受伤，拖拉机驾驶员逃逸。经公安机关工作，无法找到肇事方。同年7月14日，张某向鹤岗市劳动和社会保障局申请工伤认定，劳动和社会保障局作出《工伤不予认定决定书》。张某对该判决不服，从此踏上漫长的维权路。

"这起案件时间久远、情况复杂，从当事人受伤申请认定工伤到我们受理案件已经过去12年，要想查清事实困难重重。此外，该案先后经历了三次工伤认定，三次行政复议，三级法院审理，当事人的诉求始终没有解决，从哪里入手实质性解决当事人的行政争议也是我们面临的难点。"鹤岗市检察院第五检察部主任、四级高级检察官李维波回忆道，"当时，当事人心灰意冷，对检察机关也是半信半疑，我们分析了当事人的心理，认为他虽然对检察机关有疑虑，但他还是信任党，还是相信法律的。由于当事人居住在山东威海，我们在多次通过电话和微信与当事人联系后，又先后两次到威海，与他面对面交流，说政策、谈法律，讲清了检察机关开展的实质性化解行政争议工作，最终打消了他的疑虑。此外，这起案件涉及部门和企业比较多，我们先后与行政复议机关、司法行政部门、人社部门和当事人所在企业进行了多次沟通，传递检察机关'双赢多赢共赢'的监督理念，阐明维护当事人合法权益的办案宗旨，最终得到了行政机关的支持和配合，形成了工作合力，为顺利化解行政争议奠定了坚实基础。"

四、让案例成为最生动的法治教科书

习近平法治思想是新时代推进全面依法治国的根本遵循。最高检党组多次强调，检察机关要以高度的政治自觉、法治自觉、检察自觉把党的十九届五中全会精神和习近平法治思想落实落细，要把政策和法律制度用好，办好各类案件，运用典型案件加强引领，让人民群众在每一个司法案件中感受到公平正义。

刚刚过去的 2020 年是我国历史上极不寻常的一年。面对百年变局和全球疫情，行政检察在新时代"四大检察"法律监督格局下主动担当作为，积极践行以人民为中心、精准监督、"穿透式"监督等检察监督理念，在维护司法公正和促进依法行政、服务经济社会发展、保障公民和组织合法权益，助推国家治理体系和治理能力现代化建设中发挥了积极作用。所有参评的案例，凝聚了广大行政检察干警的心血，反映着做实行政检察的轨迹。

在 2020 年度十大行政检察典型案例定评会上，最高人民检察院党组成员、副检察长杨春雷对此次典型案例评选活动作出这样的评价：这是落实习近平法治思想的实际行动，是密切检学合作交流的创新之举，是展现行政检察担当作为的具体实践，是推动法治中国建设的生动注脚。"对这些案例的公众投票、专家评定和对外发布，很好地发挥了典型案例在释法说理、宣传教育、指导办案等方面的作用，对于增强全社会的法治信仰，助推法治中国建设具有积极意义。"

案例是最鲜活的法治教材，是最生动的法治教科书。人民群众对公平正义的期盼，需要通过司法办案来体现；人民群众对法治信仰的养成，需要通过案例来增强；人民群众对检察职能的了解，需要通过案例来深化。据记者了解，最高检第七检察厅自成立以来，始终注重通过典型案例开展对下指导。2020 年 2 月至 7 月，仅在行政非诉执行监督领域，就先后筛选、编发了 4 批、21 件典型案例，涵盖服务保障民营企业发展、助力打好污染防治攻坚战、依法解决农民工欠薪问题、助力耕地保护等多个领域，对规范各地办案，提升办案质效，起到了很好的引领作用。

"典型案例都是办理成功的示范性、引领性案件，对于检察机关找准服务党和国家工作大局的结合点、发力点，对于做实行政检察、破解工作中的难点和堵点，对于向全社会以案释法、增强人民群众对法治的信仰，都能发挥出积极作用。"最高检第七检察厅厅长张相军在接受记者采访时说，"自成立以来，第七检察厅围绕党中央和最高检在不同时期的决策部署，针对人民群众关心的热点问题，以及下级检察院在办案中遇到的难点和堵点，有意识地组织一些典型案例的编发，以此告诉各地开展办案工作的结合点在哪儿、切入点在哪儿、发力点在哪儿，效果非常明显，全系统的案例意识增强了，而且案例指导本身也解决了精准监督落地的问题。"

据介绍，最高检第七检察厅将认真总结这次评选活动的经验，会同中国法学会行政法学研究会、对外经贸大学法学院，办好 2021 年度十大行政检察典型案例评选活动，努力将该活动打造成推动法治中国建设的亮丽品牌。

"2020 年度十大行政检察典型案例"
评选结果揭晓

张潇祎*

由最高人民检察院第七检察厅与中国法学会行政法学研究会共同组织的"2020 年度十大行政检察典型案例"评选于 28 日揭晓结果，王某凤等 45 人与北京市某区某镇政府强制拆除和行政赔偿检察监督系列案等 10 件案例入选。

记者了解到，这批典型案例覆盖范围广，涉及行政登记、行政强制、行政处罚、行政复议、行政赔偿等类型，涵盖生效裁判结果监督、执行活动监督、行政争议实质性化解等业务；案件办理方式多元化，依法采用提出行政抗诉、检察建议、公开听证、司法救助等方式方法，同时在办案中坚持个案监督与类案监督相结合，监督纠正和化解调处相结合，实现案结事了政和。

据悉，此次"2020 年度十大行政检察典型案例"评选是最高检第七检察厅成立以来，和行政法学界首次组织行政检察典型案例评选活动。评选历经公开遴选、专家初评、公众投票、专家终评等环节，最终综合公众投票和专家打分，确定入选案例对外发布。

---

* 张潇祎，央广网记者。

最高检发布 2020 年度十大行政检察典型案例

据最高检微信公众号消息，最高人民检察院第七检察厅（行政检察厅）与中国法学会行政法学研究会共同组织的"2020 年度十大行政检察典型案例"评选活动，经公开遴选、专家初评、公众投票、专家终评，从参选案例中，评选出"2020 年度十大行政检察典型案例"，1 月 28 日对外公开发布。

2020 年度十大行政检察典型案例发布

黄 巍[*]

近年来，随着全面依法治国的深入推进，作为"四大检察"职能之一的行政检察，因其对公权力进行监督的特点，受到社会各界的广泛关注。

1 月 28 日，由最高人民检察院第七检察厅（行政检察厅）主办的"2020 年度十大行政检察典型案例"评选活动在北京对外经济贸易大学正式公布评选结果。

最高人民检察院党组成员、副检察长杨春雷，最高人民检察院第七检察厅厅长张相军，中国政法大学校长、中国法学会行政法学会会长马怀德教授，对外经济贸易大学党委书记蒋庆哲教授、校长夏文斌教授、法学院院长梅夏英教授，以及来自北京大学、清华大学、中国人民大学、中国政法大学、安徽大学、北京市律师协会等单位的多位专家学者共同出席了本次发布会。

本次评选由最高人民检察院第七检察厅（行政检察厅）与中国法学会行政法学研究会共同主办，对外经济贸易大学法学院、《经贸法律评论》编辑部承办，经公开遴选、专家初评、公众投票、专家终评等环节，最终评选出"2020 年度十大行政检察典型案例"，另有 20 件案例获评"2020年度行政检察优秀案例"。

"2020 年度十大行政检察典型案例"涉及北京、天津、山西、内蒙古、黑龙江、上海、福建、山东、湖北、陕西等地，包括行政登记、违法强拆、监管、工商认定、征收补偿等多个领域，部分案例时间跨度较长、法律关系复杂。案件的圆满解决，推进了行政争议的实质性化解，实现了

---

* 黄巍，中国财富网记者。

"案结事了人和"。

杨春雷表示，组织"十大行政检察典型案例评选"活动是落实习近平法治思想的实际行动，是密切检学合作交流的创新之举，是展现行政检察担当作为的具体实践，是推动法治中国建设的生动注脚。此次入选的案例在释法说理、宣传教育、指导办案等方面发挥了很好的作用，对增强全社会法治信仰、助推法治中国建设具有积极意义。

"刚刚过去的 2020 年是我国历史上极不寻常的一年。面对百年变局和世纪疫情，行政检察在新时代'四大检察'法律监督格局下主动担当作为，积极践行以人民为中心、精准监督、穿透式监督等检察监督理念，在维护司法公正和促进依法行政、服务经济社会发展、保障公民和组织合法权益，助推国家治理体系和治理能力现代化建设中发挥了积极作用。"杨春雷说。

蒋庆哲教授表示，"十大行政检察典型案例评选"是将一系列业务能力强、监督水平高、社会效果好的行政检察案件遴选出来向社会发布，一方面对行政检察权的优化行使具有积极的示范作用，另一方面体现了检察机关在促进"法治国家、法治政府、法治社会"一体化建设中的重要作用。

马怀德教授指出，本次评选的案例在两方面发挥了重要作用：一方面，有效监督了行政审判业务，特别对法院审理行政案件过程中存在的各种问题及时地加以提出，通过行政检察抗诉的方式或者其它方式纠正或者解决了行政诉讼中的一些问题，确实发挥了行政检察监督的职能作用；另一方面，近几年出现的行政诉讼程序空转问题在这次行政检察业务中得到了很好的解决。

夏文斌教授在发布会闭幕词中表示，坚持以人民为中心是习近平新时代中国特色社会主义思想最重要、最核心的内容，司法界学习、研究、宣传、贯彻习近平法治思想，贯彻《法治中国建设规划（2020－2025 年）》，进一步完善民事行政检察监督和检察公益诉讼案件的办理机制，体现了党中央对于行政检察监督工作的重视，同时也对行政检察工作提出了新的要求。

据了解，行政检察的核心是行政诉讼监督，主要包括生效裁判结果监督、审判人员违法行为监督、执行活动监督三项业务。自 2018 年年底最高人民检察院内设机构改革以来，新成立的最高检第七检察厅承接了行政检察职能。

2021 年是"十四五"开局之年，也是做实行政检察的关键之年。杨春雷要求各级检查机关、行政检察部门要以典型案例评选为契机，深入贯彻习近平法治思想，要坚持以人民为中心，践行以人民为中心的发展理念，以优异成绩庆祝中国共产党成立 100 周年。

2020 年度十大行政检察典型案例揭晓

杜　斌　周洋*

今天，"2020 年度十大行政检察典型案例"评选结果揭晓，王某凤等 45 人与北京市某区某镇政府强制拆除和行政赔偿检察监督系列案等 10 件案例入选。

最高人民检察院副检察长杨春雷出席案例发布会并致辞。杨春雷表示，此次入选的案例在释法说理、宣传教育、指导办案等方面发挥了很好作用，对增强全社会法治信仰，助推法治中国建设具有积极意义。要持续抓好年度十大行政检察典型案例评选活动，持续深化与行政法学界的密切合作，持续讲好新时代行政检察故事。

这 10 件案例包括：张某与黑龙江省某市人民政府工伤认定行政复议调解检察监督案；上海市黄浦区人民检察院就王某某与区房管局房屋补偿安置纠纷制发检察建议案；姚某与福建省某县民政局撤销婚姻登记检察监督案；王某等 54 人与山东某镇政府征收补偿安置行政裁判执行检察监督案；湖北省武汉市某家具公司拖欠农民工工资行政非诉执行检察监督案等。

据介绍，这批典型案例覆盖范围广，涉及行政登记、行政强制、行政处罚、行政复议、行政赔偿等类型，涵盖生效裁判结果监督、执行活动监督、行政争议实质性化解等业务。

---

* 杜斌，《法制日报》记者；周洋，《法制日报》记者。

　　此次评选由最高检第七检察厅与中国法学会行政法学研究会共同组织。会上还公布吴某与河北省某市人社局、省人社厅工伤认定及行政复议行政抗诉案等 20 件案件获得"2020 年度行政检察优秀案例"。